# WAFFELN

Als ob immer Sonntag wäre

Autorin: Anne-Katrin Weber | Fotos: Wolfgang Schardt

## DIE GU-QUALITÄTS-GARANTIE

Wir möchten Ihnen mit den Informationen und Anregungen in diesem Buch das Leben erleichtern und Sie inspirieren, Neues auszuprobieren. Bei jedem unserer Bücher achten wir auf Aktualität und stellen höchste Ansprüche an Inhalt, Optik und Ausstattung. Alle Rezepte und Informationen werden von unseren Autoren gewissenhaft erstellt und von unseren Redakteuren sorgfältig ausgewählt und mehrfach geprüft. Deshalb bieten wir Ihnen eine 100 %ige Qualitätsgarantie.

**Darauf können Sie sich verlassen:**
Wir legen Wert darauf, dass unsere Kochbücher zuverlässig und inspirierend zugleich sind. Wir garantieren:
- dreifach getestete Rezepte
- sicheres Gelingen durch Schritt-für-Schritt-Anleitungen und viele nützliche Tipps
- eine authentische Rezept-Fotografie

**Wir möchten für Sie immer besser werden:**
Sollten wir mit diesem Buch Ihre Erwartungen nicht erfüllen, lassen Sie es uns bitte wissen! Nehmen Sie einfach Kontakt zu unserem Leserservice auf. Sie erhalten von uns kostenlos einen Ratgeber zum gleichen oder ähnlichen Thema. Die Kontaktdaten unseres Leserservice finden Sie am Ende dieses Buches.

GRÄFE UND UNZER VERLAG
*Der erste Ratgeberverlag – seit 1722.*

# INHALT

## TIPPS UND EXTRAS

Umschlagklappe vorne:
  Die Backzutaten

- 4   Die Grundteige
- 5   Waffeleisen – eine kleine Übersicht
- 6   Grundrezept: Süße Waffeln
- 7   Ein Teig – viele Genüsse
- 64  Waffeltorte

Umschlagklappe hinten:
  Vorrat für Süßschnäbel und Naschkatzen
  Unwiderstehliches Resteessen

## 8 SÜSSE WAFFELN

- 10  Sacherwaffeln mit Kirschen
- 12  Crème-fraîche-Waffeln
- 12  Hirsewaffeln
- 13  Lebkuchenwaffeln
- 13  Glühweinwaffeln
- 14  Espresso-Pinienkern-Waffeln
- 15  Apfel-Zimt-Waffeln
- 16  Brandteigwaffeln mit Beerengrütze
- 18  Marzipanwaffeln mit Cassisbirnen
- 20  Feigenwaffeln

| | | | |
|---|---|---|---|
| 20 | Mohnwaffeln | 52 | Schmandpfannkuchen |
| 21 | Schokowaffeln | 54 | Speckpfannkuchen mit Birne |
| 21 | Haselnusswaffeln | 56 | Blini mit Forellenkaviar |
| 22 | Holländische Sirupwaffeln | 57 | Crêpe-Räucherlachs-Röllchen |
| 24 | Eiswaffeln | 58 | Crespelle mit Ricotta-Füllung |
| 26 | Schokoladen-Sahne-Hippen | | |

60 Register
62 Impressum

## 28 HERZHAFTE WAFFELN

- 30 Buchweizenwaffeln mit Räucherlachs
- 32 Speck-Waffeln mit Kräuterbutter
- 33 Zucchiniwaffeln
- 34 Sauerteigwaffeln mit roter Mousse
- 36 Tomate-Mozzarella-Waffeln
- 37 Bärlauchwaffeln
- 37 Spinatwaffeln
- 38 Polentawaffeln mit Fenchelcreme
- 40 Olivenwaffeln
- 40 Käsewaffeln
- 41 Steinpilzwaffeln
- 41 Dinkelwaffeln
- 42 Kartoffelwaffeln mit Schinkencreme
- 43 Kürbiswaffeln mit Rucoladip

## 44 PFANNKUCHEN, CRÊPES & CO

- 46 Topfenpalatschinken
- 48 Hefeplinsen
- 49 Blueberry Pancakes
- 49 Zwetschgenpfannkuchen
- 51 Topfen-Grieß-Schmarrn

# DIE GRUNDTEIGE

Aus den verschiedenen Grundrezepten und vielen leckeren Varianten ergibt sich eine unendliche Waffelvielfalt, die das Waffelbacken nie langweilig werden lässt.

**Rührteig (1)** ist der Klassiker unter den Waffelteigen. Die Basis bilden Butter, Eier und Mehl. Meistens kommt noch Milch, Sahne oder Wasser dazu. Bei manchen Rezepten werden die ganzen Eier verwendet, bei anderen wird zunächst das Eigelb mit der Butter verrührt und zum Schluss luftiger Eischnee unter den Teig gezogen. Achten Sie immer auf weiche Butter und nehmen Sie die Eier rechtzeitig aus dem Kühlschrank, sodass Sie beides gut schaumig rühren können, ohne dass die Masse gerinnt. Rührteigwaffeln sind sehr wandelbar, schmecken als süße Waffel genauso gut wie als herzhaft gewürzte Variante.

Waffeln aus **Hefeteig (2)** benötigen etwas mehr Zeit zum Gehen. Trockenhefe aus dem Backregal wird dabei direkt unter das Mehl gemischt. Frische Würfelhefe aus dem Kühlregal benötigt zunächst eine kurze Gehzeit, bevor der Vorteig mit den restlichen Zutaten vermischt wird. Aber egal welche Hefe Sie verwenden: Belohnt werden Sie mit unwiderstehlichen, fein duftenden Waffeln.

Aus **Brandmasse (3)**, häufig auch Brandteig genannt, werden Windbeutel oder Eclairs zubereitet. Für Brandmasse wird zunächst ein Milch-Wasser-Gemisch mit Butter erhitzt. Dann kommt Mehl hinzu, das mit einem Kochlöffel kräftig unter die Flüssigkeit gemischt wird, bis sich am Boden des Topfes ein weißlicher Belag bildet. Fachleute sprechen vom »Abbrennen« des Teiges. Anschließend werden die Eier nach und nach unter den Teig gerührt, bis alles eine glatte Masse bildet.

GRUNDLAGEN

# WAFFELEISEN – EINE KLEINE ÜBERSICHT

Erlaubt ist, was gefällt: Rund oder eckig, dünn oder dick – mit diesen Eisen kriegen Sie garantiert knusprig frische Waffeln gebacken!

Mit diesen drei Eisen haben Sie die volle Waffelvielfalt: **Herzwaffeleisen** sind die gängigsten Waffeleisen. Die zunächst runden Waffeln werden in fünf Herzsegmente zerteilt **(1)**. Für große Haushalte und für Waffelbäcker, die häufiger größere Mengen Waffeln backen, gibt es auch Doppelwaffeleisen, in denen gleich zwei Waffeln Platz haben. Eckige Waffeleisen sind auch unter dem Namen **»Brüsseler Waffeleisen«** bekannt. Die rechteckigen Waffeln sind dicker, weisen dadurch aber viel knusprige Kruste **(2)** auf. Brüsseler Waffeleisen gibt es für zwei oder vier Waffeln.
In **Hörnchenautomaten** kann man die sogenannten Hörnchenwaffeln **(3)** backen. Das sind knusprige und dünne Waffeln aus einem recht flüssigen Teig. Direkt nach dem Backen sind die dünnen Waffeln noch biegsam, sodass sie rasch zu Rollen oder auch zu Eistüten geformt werden können. In diesem Waffeleisen werden viele traditionelle und regionaltypische Rezepte gebacken.
Bei allen Geräten bestehen die Innenseiten aus Eisen. Moderne Backflächen sind antihaftbeschichtet, sodass sich die Waffeln leicht ablösen und nicht kleben bleiben. Achten Sie beim Herauslösen der Waffeln darauf, die Beschichtung nicht zu zerkratzen! Ältere Waffeleisen aus Gusseisen sind sehr schwer, benötigen eine längere Vorheizzeit und die Temperatur lässt sich meist nicht regulieren. Moderne Geräte sind leicht und auch zum Mitnehmen geeignet. Lassen Sie sich vor einem Kauf im Fachgeschäft gut beraten!

GERÄTEKUNDE

# SÜSSE WAFFELN – FEIN UND KNUSPRIG

200 g weiche Butter | 150 g Zucker | Salz | 4 Eier | 225 g Mehl | ½ TL Backpulver |
100 ml Milch | Fett fürs Waffeleisen

Für 8 Waffeln | 20 Min. Zubereitung | 15 Min. Ruhen | 20 Min. Backen |
Pro Stück ca. 415 kcal, 7 g EW, 26 g F, 40 g KH

**1** Die weiche Butter mit dem Zucker und 1 Prise Salz mit den Quirlen des Handrührgeräts zu einer schaumigen Masse rühren.

**2** Die Eier nacheinander am Schüsselrand aufschlagen, zum Teig geben und gründlich unter die Butter-Zucker-Masse rühren.

**3** Das Mehl und das Backpulver mischen und abwechselnd mit der Milch unterrühren. Den Teig 15 Min. ruhen lassen.

**4** Das Waffeleisen vorheizen, die Backflächen dünn mit Butter einfetten. 2 gehäufte EL Teig mittig auf die Backfläche geben, das Eisen schließen.

**5** Die Waffel ca. 2 Min. backen und herausnehmen, wenn sie knusprig-braun sind. Auf ein Kuchengitter legen und mit dem übrigen Teig genauso verfahren.

**6** Die frisch gebackenen Waffeln nach Belieben mit Puderzucker oder Zimt-und-Zucker bestreuen und für vollen Genuss noch warm servieren.

# EIN TEIG – VIELE GENÜSSE

Sie können mein Grundrezept ganz leicht nach Ihren persönlichen Geschmacksvorlieben abwandeln. So wird es nie langweilig und die Zubereitung bleibt schön einfach.

## ZITRUSFRÜCHTE BRINGEN AROMA

Die abgeriebene Schale von unbehandelten Zitronen, Limetten und Orangen aus Bio-Anbau verleiht fruchtig-spritziges Aroma. 1 TL davon reicht meist. Noch intensiver wird das Orangenaroma, wenn Sie die Milch durch Orangensaft ersetzen. Ingwerfans reiben ca. 5 cm frischen, geschälten Ingwer fein oder hacken 2 bis 3 in Zuckersirup eingelegte Ingwerkugeln in kleine Würfelchen. Eine fein-säuerliche Note erhalten die Waffeln, wenn Sie anstatt Milch und Sahne Buttermilch, Kefir oder flüssigen Joghurt unterrühren.

## DUFTENDE GEWÜRZE

Sie lieben Gewürze? Dann greifen Sie in Ihr Gewürzregal und mischen Sie 1 – 2 TL Ihrer Lieblingsaromen unter den Teig. In der kalten Jahreszeit sind Zimt, Anissamen und Lebkuchengewürz beliebt. Vanilleduft verbreitet sich, wenn Sie 1 bis 2 Messerspitzen frische Bourbonvanille oder gemahlene Vanille (aus dem Glas) hinzufügen. 1 gute Prise Muskatnuss rundet den Teig raffiniert ab. Feinschmecker reiben ein kirschkerngroßes Stück einer Tonkabohne in den Waffelteig.

## FÜR SCHOKOFANS

Wenn Sie dem Grundrezept 2 gestrichene Esslöffel Kakao und 3 EL Milch hinzufügen, erhalten Sie dunkel-verführerische Schokoladenwaffeln.

## SAFTIG UND VOLLER FRUCHT MIT TROCKENOBST

Getrocknete Früchte bringen reichlich Fruchtaroma in den Teig. Schneiden Sie doch einmal Ihr Lieblings-Trockenobst in kleine Würfel – ob Mango, Aprikosen, Sauerkischen oder gleich eine Fruchtmischung Ihrer Wahl. Rechnen Sie mit 100 g getrockneten Früchten pro Rezept.

## DER DUFT VON MANDELN

Elegantes Mandelaroma verströmen die Waffeln, wenn Sie einige Tropfen Bittermandelöl unter den Waffelteig rühren. Doch Vorsicht, seien Sie damit nicht allzu großzügig, sonst schmecken die Waffeln schnell künstlich.

# SÜSSE WAFFELN

Herbe Schokolade, Marzipan und duftende Gewürze verwandeln
die lieb gewonnene Waffel aus Kindertagen in eine raffinierte
Köstlichkeit, die es mit jedem Kuchenstück aufnehmen kann.

# SACHERWAFFELN MIT KIRSCHEN

Auch wenn diese Waffeln noch so verführerisch duften: gönnen Sie ihnen einen Moment auf dem Kuchengitter, dann werden Sie mit extraknuspriger Kruste belohnt!

**Für Kompott und Vanillesahne:**
1 Glas Schattenmorellen (720 ml)
1 Vanilleschote
1 Zimtstange
2 EL Zucker
1 gehäufter EL Speisestärke
250 g Sahne
**Für die Waffeln:**
150 g weiche Butter
150 g Zucker
1 Prise Salz
4 Tropfen Bittermandelaroma
3 Eier (Größe M)
100 g Weizenmehl (Type 405)
50 g Speisestärke
2 EL Kakaopulver
1 TL Backpulver
1 TL Zimtpulver
50 g gemahlene Haselnüsse
1 EL Rum (nach Belieben)
Fett fürs Waffeleisen

### Fruchtige Verführung

Für 8 Waffeln |
1 Std. 15 Min. Zubereitung
Pro Stück ca. 510 kcal,
6 g EW, 33 g F, 44 g KH

**1** Für das Kirschkompott die Kirschen auf ein Sieb gießen und abtropfen lassen, dabei den Saft auffangen. Die Vanilleschote der Länge nach aufschlitzen und das Mark herauskratzen. Kirschsaft, Vanilleschote, die Hälfte des Vanillemarks, Zimt und 1 EL Zucker in einem Topf aufkochen. Die Speisestärke mit 2 EL Wasser glatt rühren und in den kochenden Kirschsaft einrühren. Einmal aufkochen lassen, bis die Flüssigkeit leicht eindickt, dann den Topf vom Herd ziehen und die Kirschen unterrühren. Abkühlen lassen.

**2** Für die Waffeln Butter, Zucker, Salz und Bittermandelaroma schaumig rühren. Ein Ei nach dem anderen gründlich unterrühren. Mehl, Speisestärke, Kakao, Backpulver und Zimt sieben, Haselnüsse dazugeben und unter die Butter-Zucker-Masse rühren. Nach Belieben den Rum unterrühren.

**3** Das Waffeleisen vorheizen, die Backflächen dünn einfetten. Etwa 2 EL Teig mittig auf die untere Backfläche geben und das Waffeleisen schließen. Die Waffel in ca. 2 Min. knusprig-hellbraun backen. Die Waffel herausnehmen, auf ein Kuchengitter legen und mit dem übrigen Teig genauso verfahren.

**4** Zimtstange und Vanilleschote aus dem Kirschkompott herausnehmen. Sahne mit 1 EL Zucker und übrigem Vanillemark halbsteif schlagen. Die Waffeln mit Kompott und Vanillesahne anrichten.

## TIPP

Zu diesen verführerisch duftenden Waffeln schmeckt mir zum Beispiel auch selbst gemachtes Aprikosenkompott oder eine Kugel Vanille- oder Schokoladeneis besonders gut.

## CRÈME-FRAÎCHE-WAFFELN

200 g Crème fraîche | 100 ml Milch | 3 Eigelb (Größe M) | 100 g Zucker | 1 Päckchen Bourbon-Vanillezucker | 1 Prise Salz | 1 TL abgeriebene Schale von 1 Bio-Zitrone | 225 g Weizenmehl (Type 405) | 1 gestrichener TL Backpulver | Fett fürs Waffeleisen

**Aus Frankreich**

Für 6 Waffeln | 40 Min. Zubereitung
Pro Stück ca. 385 kcal, 7 g EW, 19 g F, 47 g KH

**1** Die Crème fraîche, die Milch, die Eigelbe, Zucker, Vanillezucker, Salz und abgeriebene Zitronenschale gründlich verrühren. Das Mehl mit dem Backpulver vermischen und unterrühren.

**2** Das Waffeleisen vorheizen, die Backflächen dünn einfetten. Etwa 2 EL Teig mittig auf die untere Backfläche geben und das Waffeleisen schließen. Die Waffel in ca. 2 Min. knusprig-hellbraun backen. Die Waffel herausnehmen, zum Abkühlen auf ein Kuchengitter legen und mit dem übrigen Teig genauso verfahren.

## HIRSEWAFFELN

400 ml Milch | 100 g Hirse | 75 g Butter | 4 Eier (Größe M) | 75 g Zucker | 1 TL abgeriebene Schale von 1 Bio-Zitrone | 100 g Weizenmehl (Type 405) | 1 Prise Salz | Fett fürs Waffeleisen

**Toll zum Frühstück**

Für 9 Waffeln | 55 Min. Zubereitung
Pro Stück ca. 245 kcal, 7 g EW, 13 g F, 26 KH

**1** Die Milch einmal aufkochen lassen, die Hirse einrühren und im leicht geöffneten Topf 10 Min. kochen lassen. Den Topf vom Herd nehmen, Butter unterrühren und die Hirse abgedeckt 10 Min. ausquellen lassen. Die Eier trennen. Eigelbe, Zucker und Zitronenschale unter den Hirsebrei mischen, das Mehl unterrühren. Eiweiße und Salz steif schlagen und behutsam unterheben.

**2** Das Waffeleisen vorheizen, die Backflächen dünn einfetten. Etwa 3 EL Teig mittig auf die untere Backfläche geben und das Waffeleisen schließen. Die Waffel in ca. 2 Min. backen. Die Waffel herausnehmen, auf ein Kuchengitter legen und mit dem übrigen Teig genauso verfahren.

## LEBKUCHENWAFFELN

150 g weiche Butter | 50 g Zucker | 1 gehäufter EL Honig | 1 TL abgeriebene Schale von 1 Bio-Zitrone | 4 Eier (Größe M) | 50 g Orangeat | 225 g Weizenmehl (Type 405) | ½ TL Backpulver | 50 g gehackte Mandeln | 2 TL Lebkuchengewürz | Fett fürs Waffeleisen

### Weihnachtlich-würzig

Für 8 Waffeln | 45 Min. Zubereitung
Pro Stück ca. 370 kcal, 8 g EW, 23 g F, 32 KH

**1** Die Butter mit Zucker, Honig und Zitronenschale mit dem Handrührgerät gut schaumig schlagen. Die Eier nacheinander gründlich unterrühren. Das Orangeat fein hacken. Mehl, Backpulver, Mandeln und Lebkuchengewürz mischen und mit dem Orangeat unterrühren.

**2** Das Waffeleisen vorheizen, die Backflächen dünn einfetten. Etwa 2 EL Teig mittig auf die untere Backfläche geben und das Waffeleisen schließen. Die Waffel in ca. 2 Min. knusprig-hellbraun backen. Die Waffel herausnehmen, auf ein Kuchengitter legen und mit dem übrigen Teig genauso verfahren.

## GLÜHWEINWAFFELN

150 g weiche Butter | 125 g Zucker | 4 Eier (Größe M) | 300 g Weizenmehl (Type 405) | ½ TL Backpulver | 2 TL Zimtpulver | ½ TL gemahlene Gewürznelke | ½ TL gemahlener Ingwer | ⅛ l trockener Rotwein | je 1 TL abgeriebene Schale von 1 Bio-Orange und 1 Bio-Zitrone | Fett fürs Waffeleisen

### Winterlich

Für 8 Waffeln | 45 Min. Zubereitung
Pro Stück ca. 390 kcal, 8 g EW, 20 g F, 43 g KH

**1** Butter und Zucker mit dem Handrührgerät gut schaumig schlagen. Die Eier nacheinander unterrühren. Mehl, Backpulver und Gewürze mischen und abwechselnd mit Rotwein sowie Orangen- und Zitronenschale unterrühren.

**2** Das Waffeleisen vorheizen, die Backflächen dünn einfetten. Etwa 2 EL Teig mittig auf die untere Backfläche geben und das Waffeleisen schließen. Die Waffel in ca. 2 Min. knusprig-hellbraun backen. Die Waffel herausnehmen, auf ein Kuchengitter legen und mit dem übrigen Teig genauso verfahren.

# ESPRESSO-PINIENKERN-WAFFELN

50 g Pinienkerne | 2 TL Espressobohnen | 125 g weiche Butter | 100 g Zucker | 1 Päckchen Bourbon-Vanillezucker | 3 Eier (Größe M) | 250 g Weizenmehl (Type 405) | 1 TL Backpulver | 75 g Sahne | ⅛ l frisch gebrühter, abgekühlter Espresso | 1 Prise Salz | Fett fürs Waffeleisen

**Italienisch aromatisch**

Für 7 Waffeln | 45 Min. Zubereitung
Pro Stück ca. 445 kcal, 8 g EW, 27 g F, 43 g KH

**1** Die Pinienkerne in einer Pfanne ohne Fett goldbraun rösten und etwas abkühlen lassen. Die Espressobohnen mit einem scharfen Messer fein hacken. Butter, 50 g Zucker und Vanillezucker schaumig schlagen. Die Eier trennen. Eigelbe unter die Butter-Zucker-Creme rühren. Mehl, Backpulver und Pinienkerne mischen und abwechselnd mit Sahne, Espresso und Espressobohnen unterrühren. Die Eiweiße mit Salz und übrigem Zucker dick-cremig schlagen und unterheben.

**2** Das Waffeleisen vorheizen, die Backflächen dünn einfetten. Etwa 2 EL Teig mittig auf die untere Backfläche geben und das Waffeleisen schließen. Die Waffel in ca. 2 Min. knusprig-hellbraun backen. Die Waffel herausnehmen, auf ein Kuchengitter legen und mit dem übrigen Teig genauso verfahren.

**VARIANTE** **SCHOKO-WAFFELHERZEN**
Dafür 150 g Zartbitter-Kuvertüre hacken und über dem heißen Wasserbad schmelzen. Die ausgekühlten Waffeln in einzelne Herzen teilen und mit der Spitze in die warme Kuvertüre tauchen. Die Waffeln auf ein Kuchengitter legen und die Schokolade trocknen lassen.

# APFEL-ZIMT-WAFFELN

50 g Butter | 300 g Weizenmehl (Type 405) | 1 TL Backpulver | 3 EL Rohrzucker | 2 TL Zimtpulver | 3 Eier (Größe M) | ¼ l Milch | 200 g Naturjoghurt | 200 g säuerliche Äpfel | 1 kräftige Prise Salz | Fett fürs Waffeleisen

**Mild-fruchtig**

Für 10 Waffeln | 55 Min. Zubereitung
Pro Stück ca. 220 kcal, 7 g EW, 9 g F, 28 g KH

**1** Die Butter zerlassen und lauwarm abkühlen lassen. Mehl, Backpulver, Zucker und Zimt miteinander vermischen.

**2** Die Eier trennen. Eigelbe, Milch, Joghurt und flüssige Butter gründlich miteinander verrühren. Dann die Mehlmischung nach und nach dazugeben und unterrühren.

**3** Die Äpfel waschen, vierteln, entkernen und grob raspeln. Unter den Teig rühren. Eiweiße mit Salz steif schlagen und unterheben.

**4** Das Waffeleisen vorheizen, die Backflächen dünn einfetten. Etwa 2 EL Teig mittig auf die untere Backfläche geben und das Waffeleisen schließen. Die Waffel in ca. 2 Min. knusprig-hellbraun backen. Die Waffel herausnehmen, auf ein Kuchengitter legen und mit dem übrigen Teig genauso verfahren.

**UND DAZU?** **MASCARPONE-INGWER-CREME**
Dafür 1 Stück frischen Ingwer (ca. 5 cm) schälen und fein reiben. Mit 250 g Mascarpone, 1 gehäuften EL Honig, dem Mark von ½ Vanilleschote, 1 TL abgeriebener Schale von 1 Bio-Orange und 6–8 EL Milch kräftig glatt rühren.

SÜSSE WAFFELN

# BRANDTEIGWAFFELN MIT BEERENGRÜTZE

Außen schön knusprig und innen saftig und feucht – ein Genuss, der mich den etwas größeren Zeitaufwand sofort vergessen lässt.

**Für die Beerengrütze:**
250 g Rote Johannisbeeren
250 g Schwarze Johannisbeeren
250 g Erdbeeren
250 g Himbeeren
40 g Speisestärke
350 ml Apfelsaft
125 g Zucker
**Für die Waffeln:**
300 ml Milch
50 g Butter
25 g Zucker
1 kräftige Prise Salz
125 g Weizenmehl (Type 405)
4 Eier (Größe M)
125 g Sahne
Fett fürs Waffeleisen
Puderzucker zum Bestreuen

### Unbedingt probieren

Für 8 Waffeln |
1 Std. 20 Min. Zubereitung
Pro Stück ca. 420 kcal,
8 g EW, 16 g F, 59 g KH

**1** Für die Beerengrütze die Johannisbeeren waschen und von den Rispen streifen. Erdbeeren waschen, abtropfen lassen und ohne Blütenansätze halbieren. Die Himbeeren verlesen. Die Speisestärke mit 6 EL Apfelsaft glatt rühren. Übrigen Saft mit dem Zucker aufkochen. Die Johannisbeeren hinzufügen und 2 Min. kochen lassen. Die Speisestärke einrühren, unter Rühren aufkochen lassen, bis die Mischung leicht eindickt. Den Topf vom Herd nehmen und die übrigen Beeren unterrühren. Abkühlen lassen.

**2** Für die Waffeln 175 ml Milch, Butter in Stückchen, Zucker und Salz in einem Topf aufkochen. Den Topf vom Herd nehmen, das Mehl auf einmal hineinschütten (Bild 1) und mit einem Holzlöffel unterrühren. Den Topf wieder auf den Herd stellen und weiterrühren, bis sich der Teig als Kloß vom Topfboden löst (Bild 2). Den Teig in eine Schüssel umfüllen.

**3** Ein Ei mit den Knethaken des Handrührgeräts unterrühren, dann nach und nach die übrigen Eier einzeln unterrühren (Bild 3). Übrige Milch und Sahne in zwei bis drei Portionen unterrühren, bis ein dickflüssiger Teig entstanden ist.

**4** Das Waffeleisen vorheizen, die Backflächen dünn einfetten. Etwa 3 EL Teig mittig auf die untere Backfläche geben und das Waffeleisen schließen. Die Waffel in ca. 2 Min. knusprig-hellbraun backen. Die Waffel herausnehmen, auf ein Kuchengitter legen und mit dem übrigen Teig genauso verfahren. Die Waffeln mit Puderzucker bestreuen und mit der lauwarmen oder abgekühlten Beerengrütze servieren.

SÜSSE WAFFELN

SÜSSE WAFFELN

# MARZIPANWAFFELN MIT CASSISBIRNEN

Von diesen Waffeln kann meine Familie gar nicht genug bekommen. Sitzen Kinder mit am Tisch, gare ich die Birnen in einer Mischung aus Holunder- und Apfelsaft.

**Für die Cassisbirnen:**
4 reife Birnen
60 g Rohrzucker
400 ml trockener Rotwein
1 Zimtstange
2 Gewürznelken
4–6 EL Cassis (schwarzer Johannisbeerlikör)
**Für die Waffeln:**
125 g weiche Butter
75 g Zucker
3 Eier (Größe M)
100 g Marzipan-Rohmasse
250 g Weizenmehl (Type 405)
½ TL Backpulver
200 ml Milch
25 g Mandelblättchen
3–4 Tropfen Bittermandelöl (nach Belieben)
1 Prise Salz
Fett fürs Waffeleisen

**Ideal zum Kaffee**

Für 8 Waffeln |
1 Std. Zubereitung
Pro Stück ca. 505 kcal,
9 g EW, 22 g F, 57 g KH

**1** Für die Cassisbirnen die Birnen schälen, vierteln und entkernen. Den Zucker in einem Topf bei kleiner Hitze schmelzen lassen. Rotwein dazugießen (Vorsicht, das spritzt!) und den Karamell vom Topfboden loskochen. Birnen und Gewürze zum Rotwein geben. Bei kleiner Hitze ca. 5 Min. dünsten, ohne dass die Birnen zerfallen. Die Birnen mit einer Schaumkelle herausnehmen. Den Rotweinsud 5–10 Min. kräftig einkochen lassen. Cassis unterrühren, die Birnen hinzufügen und im Sud abkühlen lassen.

**2** Für die Waffeln Butter und 50 g Zucker schaumig schlagen. Die Eier trennen. Eigelbe unter die Butter-Zucker-Creme rühren. Marzipan auf der Rohkostreibe grob raspeln und unterrühren. Mehl und Backpulver mischen und abwechselnd mit der Milch unter den Teig rühren. Mandeln und Bittermandelöl nach Belieben unterrühren. Eiweiße mit Salz und übrigem Zucker dick-cremig schlagen und behutsam unterheben.

**3** Das Waffeleisen vorheizen, die Backflächen dünn einfetten. Etwa 2 EL Teig mittig auf die untere Backfläche geben und das Waffeleisen schließen. Die Waffel in ca. 2 Min. knusprig-hellbraun backen. Die Waffel herausnehmen, auf ein Kuchengitter legen und mit dem übrigen Teig genauso verfahren. Die Waffeln mit den Cassis-Birnen anrichten und servieren.

## TIPP

Wem wie mir das Mandelaroma gar nicht intensiv genug sein kann, der röstet die Mandelblättchen zuvor in einer Pfanne ohne Fett goldbraun an.

SÜSSE WAFFELN

## FEIGENWAFFELN

150 g weiche Butter | 75 g Rohrohrzucker | 1 Prise Salz | 1 TL abgeriebene Schale von 1 Bio-Orange | 4 Eier (Größe M) | 100 g getrocknete Soft-Feigen | 200 g Weizenmehl (Type 405) | 50 g gemahlene Mandeln | ½ TL Backpulver | 1 TL Zimtpulver | 2 EL Orangenlikör (nach Belieben) | Fett fürs Waffeleisen

### Fruchtig-würzig

Für 8 Waffeln | 50 Min. Zubereitung
Pro Stück ca. 380 kcal, 8 g EW, 23 g F, 35 g KH

**1** Butter mit Zucker, Salz und Orangenschale schaumig schlagen. Die Eier einzeln unterrühren. Die Feigen in kleine Würfel schneiden. Mehl, Mandeln, Backpulver und Zimt mischen und mit den Feigen und nach Belieben dem Likör unterrühren.

**2** Das Waffeleisen vorheizen, die Backflächen dünn einfetten. Etwa 2 EL Teig mittig auf die untere Backfläche geben und das Waffeleisen schließen. Die Waffel in ca. 2 Min. backen. Die Waffel herausnehmen, auf ein Kuchengitter legen und mit dem übrigen Teig genauso verfahren.

## MOHNWAFFELN

125 g weiche Butter | 75 g Zucker | 1 Päckchen Bourbon-Vanillezucker | 1 TL abgeriebene Schale von 1 Bio-Orange | 3 Eier (Größe M) | 50 g Mohn | 225 g Weizenmehl (Type 405) | 1 TL Backpulver | 1 Prise Salz | 150 ml Milch | Fett fürs Waffeleisen

### Einfach köstlich

Für 7 Waffeln | 45 Min. Zubereitung
Pro Stück ca. 385 kcal, 9 g EW, 23 g F, 37 g KH

**1** Butter, Zucker, Vanillezucker und Orangenschale schaumig schlagen. Ein Ei nach dem anderen unterrühren. Mohn im Blitzhacker mahlen. Mehl, Backpulver, Mohn und Salz mischen. Abwechselnd mit der Milch unterrühren.

**2** Das Waffeleisen vorheizen, die Backflächen dünn einfetten. 2 gut gehäufte EL Teig mittig auf die untere Backfläche geben und das Waffeleisen schließen. Die Waffel in ca. 2 Min. knusprig-hellbraun backen. Die Waffel herausnehmen, auf ein Kuchengitter legen und mit dem übrigen Teig genauso verfahren.

SÜSSE WAFFELN

## SCHOKOWAFFELN

125 g weiche Butter | 75 g Zucker | 1 Päckchen Bourbon-Vanillezucker | 3 Eier (Größe M) | 250 g Weizenmehl (Type 405) | ½ TL Backpulver | 1 gestrichener EL Kakao | 150 ml Milch | 50 g zartbittere Raspelschokolade | 1 Prise Salz | Fett fürs Waffeleisen

### Für Schokofans

Für 8 Waffeln | 45 Min. Zubereitung
Pro Stück ca. 355 kcal, 7 g EW, 20 g F, 36 g KH

**1** Butter, Zucker und Vanillezucker schaumig schlagen. Die Eier trennen. Die Eigelbe unter die Butter-Zucker-Mischung rühren. Mehl, Backpulver und Kakao mischen. Abwechselnd mit der Milch dazugeben. Raspelschokolade unterrühren. Eiweiße mit Salz steif schlagen und unterheben.

**2** Das Waffeleisen vorheizen, die Backflächen dünn einfetten. Etwa 3 EL Teig mittig auf die untere Backfläche geben und das Waffeleisen schließen. Die Waffel in ca. 2 Min. knusprig-hellbraun backen. Die Waffel herausnehmen, auf ein Kuchengitter legen und mit dem übrigen Teig genauso verfahren.

## HASELNUSSWAFFELN

125 g weiche Butter | 75 g Zucker | 2 TL Zimtpulver | 4 Eier (Größe M) | 100 g Haselnusskerne | 250 g Weizenmehl (Type 405) | 150 ml Milch | 1 Prise Salz | Fett fürs Waffeleisen

### Knusprig-nussig

Für 8 Waffeln | 45 Min. Zubereitung
Pro Stück ca. 400 kcal, 9 g EW, 26 g F, 34 g KH

**1** Butter, Zucker und Zimt schaumig schlagen. Die Eier trennen. Die Eigelbe unter die Butter-Zucker-Mischung rühren. Die Haselnusskerne gleichmäßig und nicht zu fein hacken. Mit Mehl und Milch unterrühren. Die Eiweiße mit Salz steif schlagen und behutsam unterheben.

**2** Das Waffeleisen vorheizen, die Backflächen dünn einfetten. Etwa 3 EL Teig mittig auf die untere Backfläche geben und das Waffeleisen schließen. Die Waffel in ca. 2 Min. knusprig-hellbraun backen. Die Waffel herausnehmen, auf ein Kuchengitter legen und mit dem übrigen Teig genauso verfahren.

SÜSSE WAFFELN

# HOLLÄNDISCHE SIRUPWAFFELN

In Holland legt man die knusprigen »Stroopwafels« auf einen Becher heißen Kaffee, sodass die Füllung zu schmelzen beginnt. Köstlich!

**Für den Teig:**
90 g weiche Butter
100 g Rohrohrzucker
1 Prise Salz
1 Ei (Größe M)
200 g Weizenmehl (Type 405)
½ TL Zimtpulver
(nach Belieben)
Fett fürs Waffeleisen
**Für die Füllung:**
35 g Butter
75 g Blütenhonig

### Für den Hörnchenautomaten

Für 14 gefüllte Waffeln |
1 Std. 30 Min. Zubereitung
Pro Stück ca. 170 kcal,
2 g EW, 9 g F, 22 g KH

**1** Butter, Zucker und Salz mit den Quirlen des Handrührgeräts schaumig rühren. Das Ei unterrühren, dann das Mehl und nach Belieben das Zimtpulver kurz unterrühren. Alles rasch mit den Händen zu einem glatten Teig verkneten. Aus dem Teig 28 kleine Kugeln à knapp 3 cm ⌀ formen.

**2** Für die Füllung Butter in Stückchen und Honig in einem kleinen Topf unter Rühren erwärmen. Den Topf beiseitestellen.

**3** Einen Hörnchenautomaten vorheizen. Eine Teigkugel auf die Unterseite des Waffeleisens geben und das Waffeleisen schließen. Die Waffel in 30 – 60 Sek. hellbraun backen. Die Waffel herausnehmen und auf ein Kuchengitter legen. Mit dem übrigen Teig genauso verfahren. Jeweils zwei warme Waffeln mit einem gehäuften TL Füllung zusammensetzen, dann die Waffeln abkühlen lassen.

## UND DAZU? HEISSER TONKA-KAKAO

Für 4 Becher Kakao 100 g Bitterschokolade in Stückchen brechen. 800 ml Milch in einem Topf aufkochen und dann vom Herd ziehen. Schokolade, 2 EL Honig, 2 gestrichene EL Kakao und ½ Zimtstange hinzugeben. 1 kirschkerngroßes Stück Tonkabohne hineinreiben. Unter Rühren erhitzen, aber nicht kochen lassen, und 5 Min. ziehen lassen. 150 g Sahne halbsteif schlagen. Die heiße Schokolade mit einem Milchaufschäumer etwas schaumig schlagen, in vier Becher gießen und die Sahne darauf verteilen.

# EISWAFFELN

Einfach unwiderstehlich: Aus diesen knusper-zarten Hörnchen
schmeckt selbst gemachtes Eis noch einmal so gut.

125 g Rohrohrzucker
1 Päckchen Bourbon-
Vanillezucker
80 g Butter
200 g Weizenmehl (Type 405)
50 g gemahlene,
geschälte Mandeln
1 Prise Salz
1 Ei (Größe M)

## Für den Hörnchenautomaten

Für 20 Waffeln |
30 Min. Ruhen |
1 Std. 10  Min. Zubereitung
Pro Stück ca. 110 kcal,
2 g EW, 5 g F, 15 g KH

**1** Für den Teig 300 ml Wasser mit Zucker und Vanillezucker erhitzen, bis sich der Zucker gelöst hat, dann die Flüssigkeit abkühlen lassen. Die Butter schmelzen und lauwarm abkühlen lassen.

**2** Das Zuckerwasser und die zerlassene Butter zusammen in eine Schüssel geben. Mehl, Mandeln, Salz und das Ei hinzufügen (Bild 1). Mit dem Schneebesen oder den Quirlen des Handrührgeräts alles zu einem dickflüssigen Teig verrühren. Den Teig 30 Min. quellen lassen.

**3** Den Hörnchenautomaten vorheizen. Etwa 1 ½ EL Teig auf die untere Backfläche geben (Bild 2) und das Waffeleisen schließen. Die Waffel ca. 1 Min. backen. Die Waffel mithilfe einer Gabel herausnehmen.

**4** Zum Formen die frische Waffel sofort über einen Waffelkegel oder eine große Spritztülle rollen. Den noch weichen Teig (Achtung, heiß!) kurz festhalten (Bild 3), damit die Röllchen nicht wieder aufgehen, das Hörnchen dann auf einem Kuchengitter abkühlen lassen. Mit dem übrigen Teig ebenso verfahren und so ca. 20 Eiswaffeln backen.

TIPP Wenn meine Kinder im Sommer Feste feiern, gehören die selbst gebackenen, duftenden Hörnchenwaffeln einfach dazu! Reichen Sie dazu 2 bis 3 Sorten Eis, Schlagsahne und zum Verzieren Streusel aus buntem Zucker oder Schokolade, so kann sich jedes Kind selbst seine ganz persönliche Lieblings-Eistüte zusammenstellen.

SÜSSE WAFFELN

# SCHOKOLADEN-SAHNE-HIPPEN

Süße Sahne in Kombination mit Knusper-Schokolade – wer kann da schon widerstehen?
Machen Sie es wie ich und greifen Sie lieber zwei Mal zu!

100 g Rohrohrzucker
125 g Butter
250 g Weizenmehl (Type 405)
1 EL Kakao (10 g)
1 TL Zimtpulver
1 Prise Salz
1 Ei (Größe M)
1 Vanilleschote
400 g Sahne
2 EL Puderzucker
1 TL abgeriebene Schale
von 1 Bio-Orange
2 EL Orangenlikör
(nach Belieben)
**Außerdem:**
Spritzbeutel mit Sterntülle

**Für den Hörnchenautomaten**

Für 24 Waffeln |
30 Min. Ruhen |
1 Std. 30 Min. Zubereitung
Pro Stück ca. 115 kcal,
1 g EW, 10 g F, 6 g KH

**1** Für den Teig 350 ml Wasser mit dem Zucker erhitzen, bis der Zucker gelöst ist, dann abkühlen lassen. Die Butter schmelzen und lauwarm abkühlen lassen.

**2** Das Zuckerwasser und die zerlassene Butter in eine Schüssel geben. Mehl, Kakao, Zimt, Salz und das Ei hinzufügen. Alles mit den Quirlen des Handrührgeräts zu einem dickflüssigen Teig verrühren. Den Teig 30 Min. quellen lassen.

**3** Einen Hörnchenautomat vorheizen. Etwa 1 ½ EL Teig auf die untere Backfläche geben und das Waffeleisen schließen. Die Waffel ca. 1 Min. backen. Die Waffel mithilfe einer Gabel herausnehmen und mit den Händen rasch über einen Kochlöffelstiel aufrollen (der Teig wird beim Abkühlen schnell hart, daher zügig arbeiten!). Kurz festhalten, damit die Röllchen nicht wieder aufgehen, dann auf einem Kuchengitter abkühlen lassen. Mit dem übrigen Teig genauso verfahren und so ca. 24 Waffeln backen.

**4** Für die Füllung die Vanilleschote der Länge nach aufschlitzen und das Mark herauskratzen. Die Sahne mit Puderzucker, Vanillemark und Orangenschale steif schlagen. Nach Belieben Orangenlikör unterrühren. Die Sahne in einen Spritzbeutel mit Sterntülle füllen und in die Röllchen spritzen.

## GUT ZU WISSEN

Für diese dünnen Waffeln gibt es vielerlei Namen: Eiserkuchen, Krüllkuchen, Neujahrskuchen oder Piepkuchen. Wir sagen Schlotfeger dazu.

# HERZHAFTE WAFFELN

Pikante Waffeln – das schmeckt? Und wie! Lassen Sie sich verführen von deftigen Köstlichkeiten mit Käse, Speck, Gemüse, Kräutern oder Zwiebeln. Ob solo oder fein kombiniert mit Dips und Aufstrichen schmecken sie zum Mittag- oder Abendessen und als besonderer Snack.

# BUCHWEIZENWAFFELN MIT RÄUCHERLACHS

Dass sich Buchweizenmehl nicht nur in russischen Blini oder bretonischen Galettes gut macht, werden Sie schon nach dem ersten Biss in diese köstlichen Waffeln merken.

**Für die Waffeln:**
125 g weiche Butter
Salz
3 Eier (Größe M)
125 g Buchweizenmehl
125 g Weizenvollkornmehl
2 TL Backpulver
150 g Naturjoghurt
⅛ l Mineralwasser
Fett fürs Waffeleisen
**Für den Dillschmand:**
1 Bund Dill
250 g Schmand
1 TL Dijon-Senf
Pfeffer
**Außerdem:**
250 g Räucherlachsscheiben
Zitronenschnitze
zum Anrichten

### Leichtes Abendessen

Für 8 Waffeln |
15 Min. Ruhen |
40 Min. Zubereitung
Pro Stück ca. 405 kcal,
14 g EW, 28 g F, 23 g KH

**1** Für die Waffeln Butter und ½ TL Salz gut schaumig schlagen. Ein Ei nach dem anderen gründlich unterrühren. Beide Mehlsorten und Backpulver mischen. Abwechselnd mit Joghurt und Mineralwasser unterrühren. Den Teig 15 Min. ruhen lassen.

**2** Inzwischen für den Dillschmand den Dill waschen und trocken schütteln. Die Dillspitzen abzupfen und fein hacken. Mit Schmand und Senf verrühren und mit Salz und Pfeffer abschmecken.

**3** Das Waffeleisen vorheizen, die Backflächen dünn einfetten. Etwa 2 gehäufte EL Teig mittig auf die untere Backfläche geben und das Waffeleisen schließen. Die Waffel in ca. 2 Min. knusprighellbraun backen. Die Waffel herausnehmen, auf ein Kuchengitter legen und mit dem übrigen Teig genauso verfahren.

**4** Die Waffeln mit Dillschmand und Räucherlachs anrichten und mit Zitronenschnitzen garnieren.

## TIPP

Anstelle von Lachs serviere ich diese Waffeln manchmal auch mit Krabbensalat. Dafür ½ Salatgurke schälen, entkernen und in feine Würfel schneiden. 2 Frühlingszwiebeln putzen, waschen und in feine Röllchen schneiden. 150 g Naturjoghurt, 50 g Mayonnaise, je 1 fein gehackte Essiggurke und Schalotte, 2 – 3 EL Zitronensaft und 2 EL gehackten Dill verrühren, mit Salz und Pfeffer würzen. 300 g Nordseekrabbenfleisch (Fischhändler oder Kühlregal) unterheben und 20 Min. ziehen lassen.

# SPECKWAFFELN MIT KRÄUTERBUTTER

½ Bund Schnittlauch | 1 Bund Petersilie | 1 Knoblauchzehe | 250 g weiche Butter | ½ TL abgeriebene Schale von 1 Bio-Zitrone | Salz | Pfeffer | 3 Eier (Größe M) | 300 ml Milch | 250 g Vollkornmehl | 150 g gewürfelter Speck | 75 g Röstzwiebeln (Fertigprodukt) | Fett fürs Waffeleisen

### Herzhaft-würzig

Für 9 Waffeln | 30 Min. Ruhen | 45 Min. Zubereitung
Pro Stück ca. 360 kcal, 5 g EW, 30 g F, 17 g KH

**1** Für die Kräuterbutter den Schnittlauch und die Hälfte der Petersilie waschen, trocken schütteln und fein hacken. Die Knoblauchzehe schälen, durchpressen und mit 150 g Butter mischen. Zitronenschale und Kräuter dazugeben. Mit Salz und Pfeffer kräftig würzen und gründlich verrühren. Die Butter auf einen Bogen Pergamentpapier geben und zu einer Rolle formen. 45 Min. kühlen.

**2** Für die Waffeln die restliche Butter schmelzen lassen. Die Eier trennen. Milch, 200 ml Wasser und Eigelbe gut verrühren. Mehl und Butter unterrühren. Den Teig 30 Min. ruhen lassen.

**3** Übrige Petersilie waschen und fein hacken. Speckwürfel, Röstzwiebeln, Petersilie, ¾ TL Salz und etwas Pfeffer unterrühren. Die Eiweiße mit 1 Prise Salz steif schlagen und unterheben.

**4** Das Waffeleisen vorheizen, die Backflächen dünn einfetten. Etwa 3 EL Teig mittig auf die untere Backfläche geben und das Waffeleisen schließen. Die Waffel in ca. 2 Min. knusprig-hellbraun backen. Mit dem übrigen Teig acht weitere Waffeln backen und dazu die Kräuterbutter servieren.

# ZUCCHINIWAFFELN

400 g Zucchini | je 3 – 4 Stiele Minze und Petersilie | 1 Zwiebel | 200 g Weizenmehl (Type 405) | 1 TL Backpulver | 3 Eier (Größe M) | 100 ml Milch | 3 EL Olivenöl | 1 Knoblauchzehe | 100 g Feta-Schafskäse | Salz | Pfeffer | Muskatnuss | Fett fürs Waffeleisen

**Griechisch inspiriert**

Für 9 Waffeln | 15 Min. Ruhen |
50 Min. Zubereitung
Pro Stück ca. 205 kcal, 8 g EW, 12 g F, 18 g KH

**1** Die Zucchini waschen und auf der Rohkostreibe grob raspeln. Die Kräuter waschen, trocken schütteln, die Blättchen abzupfen und fein hacken. Die Zwiebel schälen und fein hacken.

**2** Mehl und Backpulver mischen. Eier, Milch und Öl kräftig verquirlen, die Mehlmischung unterrühren. Den Knoblauch schälen und dazupressen. Den Käse zerkrümeln und mit Zucchiniraspeln, Zwiebelwürfeln und Kräutern unterrühren. Mit Salz, Pfeffer und Muskatnuss herzhaft abschmecken. Den Teig 15 Min. ruhen lassen.

**3** Das Waffeleisen vorheizen, die Backflächen dünn einfetten. 2 gehäufte EL Teig mittig auf die untere Backfläche geben und das Waffeleisen schließen. Die Waffel in ca. 2 Min. knusprig-hellbraun backen. Die Waffel herausnehmen, auf ein Kuchengitter legen und mit dem übrigen Teig genauso verfahren.

## TIPP

Reichen Sie dazu einen würzigen Tomatensalat mit Oliven, roten Zwiebelstreifen und mediterranen Kräutern, gewürzt mit einer Balsamico-Olivenöl-Vinaigrette.

# SAUERTEIGWAFFELN MIT ROTER MOUSSE

Schon pur sind diese leicht säuerlich schmeckenden Waffeln ein Gedicht. Die Kombination mit der leuchtendroten Mousse lässt sie aber so richtig zur Hochform auflaufen.

34  HERZHAFTE WAFFELN

**Für die Mousse:**
Salz
400 g Rote Bete
5 Blatt weiße Gelatine
150 g Naturjoghurt
2 EL Aceto balsamico
100 ml Gemüsefond (Glas)
1 EL Zitronensaft
Pfeffer
200 g Sahne
einige Blättchen Brunnen-
kresse oder ½ Kästchen
Kresse zum Anrichten
**Für die Waffeln:**
150 g Roggenmehl (Type 1150)
150 g Weizenvollkornmehl
½ Würfel Hefe
1 Prise Zucker
1 Beutel Natursauerteig (75 g)
3 Eier (Größe M)
120 g weiche Butter
60 g Sonnenblumenkerne
Fett fürs Waffeleisen

**Gästefein**

Für 8 Waffeln |
4 Std. Kühlen |
1 Std. Ruhen |
1 Std. 30 Min. Zubereitung
Pro Stück ca. 455 kcal,
13 g EW, 29 g F, 36 g KH

**1** Für die Mousse in einem weiten Kochtopf reichlich Salzwasser zum Kochen bringen und die Roten Beten darin in 50 – 60 Min. bei milder Hitze zugedeckt weich kochen. Die Roten Beten abschrecken, schälen und abkühlen lassen. Die Gelatine in kaltem Wasser einweichen. Die Roten Beten klein schneiden und mit Joghurt, Essig und Fond fein pürieren. Gelatine und Zitronensaft in einem kleinen Topf erwärmen, bis die Gelatine aufgelöst ist. 2 EL Rote-Bete-Püree unterrühren, dann diese Mischung unter das übrige Rote-Bete-Püree mischen. Mit Salz und Pfeffer kräftig abschmecken. 20 – 30 Min. kalt stellen, bis das Püree leicht andickt. Die Sahne steif schlagen und behutsam unter das Rote-Bete-Püree heben. Die muss abgedeckt mindestens 4 Std. kalt stellen.

**2** Für die Waffeln beide Mehlsorten in einer Schüssel miteinander vermischen. In die Mitte eine Mulde drücken, die Hefe hineinkrümeln. Mit 100 ml lauwarmem Wasser, Zucker und etwas Mehl vom Rand zu einem Vorteig verrühren. Abgedeck 15 Min. an einem warmen Ort gehen lassen.

**3** Sauerteig, Eier, Butter in Flöckchen, 1 TL Salz, Sonnenblumenkerne und ⅛ l lauwarmes Wasser mit den Quirlen des Handrührgeräts gut unterrühren. Den Teig abgedeckt weitere 45 Min. an einem warmen Ort gehen lassen.

**4** Das Waffeleisen vorheizen, die Backflächen dünn einfetten. Etwa 2 gehäufte EL Teig mittig auf die untere Backfläche geben und das Waffeleisen schließen. Die Waffel in ca. 2 Min. knusprig-hellbraun backen. Die Waffel herausnehmen, auf ein Kuchengitter legen und mit dem übrigen Teig genauso verfahren. Zum Anrichten der Mousse mit einem Esslöffel Nocken abstechen. Waffeln mit der Mousse anrichten und mit Brunnen- oder Gartenkresse garnieren.

HERZHAFTE WAFFELN 35

## TOMATE-MOZZARELLA-WAFFELN

275 g Weizenmehl (Type 405) | 15 g frische Hefe (ca. ⅓ Hefewürfel) | gut ½ TL Salz | Pfeffer | 2 Eier (Größe M) | 4 EL Olivenöl | 75 g getrocknete Tomaten in Öl | 150 g Mozzarella | 50 g Parmesan | ca. 12 Blättchen Basilikum | Fett fürs Waffeleisen

**Caprese auf neue Art**

Für 8 Waffeln | 1 Std. Ruhen |
45 Min. Zubereitung
Pro Stück ca. 355 kcal, 12 g EW, 23 g F, 25 g KH

**1** Das Mehl in eine Schüssel geben. Die Hefe hineinkrümeln und mit dem Mehl vermischen. ¼ l lauwarmes Wasser, Salz, Pfeffer, Eier und Olivenöl hinzufügen und alles mit einem Schneebesen oder den Knethaken des Handrührgeräts kräftig zu einem glatten Teig verrühren. Abgedeckt an einem warmen Ort 1 Std. gehen lassen.

**2** Inzwischen die Tomaten abtropfen lassen, dabei das Öl auffangen, und die Tomaten mittelfein hacken. Mozzarella abtropfen lassen und in zentimetergroße Würfel schneiden. Parmesan reiben. Basilikum waschen, trocken schütteln und fein hacken. Tomaten, 2 EL Öl von den Tomaten, Mozzarella, Parmesan und Basilikum kräftig unter den gegangenen Teig rühren.

**3** Das Waffeleisen vorheizen, die Backflächen dünn einfetten. Gut 2 EL Teig mittig auf die untere Backfläche geben und das Waffeleisen schließen. Die Waffel in ca. 2 Min. knusprig-hellbraun backen. Die Waffel herausnehmen, auf ein Kuchengitter legen und mit dem übrigen Teig genauso verfahren.

### TIPP

Überbackene Pizzawaffeln machen auch hungrige Esser satt und sorgen für italienisches Flair. Dafür den Backofen auf 200° vorheizen. Die Waffeln wahlweise mit 150 g dünn geschnittenem Kochschinken oder Salami belegen. 250 g in Scheiben geschnittene Tomaten und einige Basilikumblättchen darauf verteilen, pfeffern und mit 300 g Mozzarella in dünnen Scheiben belegen. Im Ofen 6–8 Min. backen, bis der Käse zerlaufen ist. Heiß servieren!

## BÄRLAUCHWAFFELN

200 g Vollkornmehl | 1 gestrichener TL Backpulver | 50 g feine Haferflocken | 150 ml Milch | 100 g Sahne | Salz | 100 g Bärlauch | 1 EL Butter | 4 Eier (Größe M) | 75 g geriebener Emmentaler | Pfeffer | Muskatnuss | Fett fürs Waffeleisen

### Aromatisch & frühlingshaft

Für 8 Waffeln | 15 Min. Ruhen |
45 Min. Zubereitung
Pro Stück ca. 245 kcal, 11 g EW, 13 g F, 21 g KH

**1** Für den Teig Mehl, Backpulver und Haferflocken vermischen und Milch, Sahne und ½ TL Salz unterrühren. Den Teig 15 Min. ruhen lassen. Inzwischen den Bärlauch waschen, in breite Streifen schneiden und in Butter 1 Min. andünsten. Bärlauch, Eier und Käse gründlich unter den Teig rühren und mit Salz, Pfeffer und Muskatnuss kräftig würzen.

**2** Das Waffeleisen vorheizen, die Backflächen dünn einfetten. Etwa 2 EL Teig mittig auf die untere Backfläche geben und das Waffeleisen schließen. Die Waffel in ca. 2 Min. knusprig-hellbraun backen und mit dem übrigen Teig genauso verfahren.

## SPINATWAFFELN

300 g TK-Blattspinat | 150 g weiche Butter | 4 Eier (Größe M) | 250 g Weizenmehl (Type 405) | 1 TL Backpulver | 150 ml Milch | 4 EL frisch geriebener Parmesan | Salz | Pfeffer | Muskatnuss | Fett fürs Waffeleisen

### Vegetarisch & mild

Für 8 Waffeln | 45 Min. Zubereitung
Pro Stück ca. 335 kcal, 10 g EW, 22 g F, 24 g KH

**1** Spinat mit 5 EL Wasser bei mittlerer Hitze 2–3 Min. garen, dabei ab und zu umrühren. Die Butter schaumig schlagen, die Eier einzeln unterrühren. Mehl, Backpulver, Milch und Parmesan unterrühren und den Teig mit Salz, Pfeffer und Muskatnuss kräftig würzen. Spinat abtropfen lassen, gut ausdrücken und unter den Teig rühren.

**2** Das Waffeleisen vorheizen und die Backflächen dünn einfetten. Für eine Waffel etwa 2 gehäufte EL Teig mittig auf die untere Backfläche geben und das Waffeleisen schließen. Die Waffel in ca. 2 Min. knusprig-hellbraun backen und mit dem übrigen Teig genauso verfahren.

# POLENTAWAFFELN MIT FENCHELCREME

Diese herrlich goldgelben Waffeln stehen auf meiner persönlichen »Waffel-Hitliste«
ganz oben. Toll schmeckt dazu ein knackig-frischer Blattsalat!

**Für die Waffeln:**
75 g Butter
250 g Polenta (Instant)
100 g Weizenmehl (Type 405)
3 Eier (Größe M)
350 ml Milch
Salz | Pfeffer
40 g Parmesan
150 g rote Paprika
Fett fürs Waffeleisen
**Für die Fenchelcreme:**
30 g gehackte Mandeln
150 g Fenchel
½ Bund Basilikum
1 – 2 Knoblauchzehen
1 – 2 TL Fenchelsamen
6 – 8 EL Olivenöl
1 – 2 EL Zitronensaft

Italien lässt grüßen

Für 6 Waffeln |
30 Min. Ruhen |
1 Std. 15 Min. Zubereitung
Pro Stück ca. 690 kcal,
15 g EW, 49 g F, 48 g KH

**1** Für die Waffeln die Butter schmelzen und lauwarm abkühlen lassen. Polenta, Mehl, Eier, Milch, 100 ml Wasser und Butter verrühren und mit ¾ TL Salz und Pfeffer würzen. Den Teig 30 Min. ruhen lassen. Inzwischen Parmesan fein reiben. Die Paprika waschen, putzen, in feine Würfel schneiden und mit dem Parmesan unter den Teig rühren.

**2** Für die Fenchelcreme die Mandeln hellbraun rösten, bis sie duften, dann vom Herd nehmen und abkühlen lassen. Den Fenchel putzen, waschen und mitsamt dem Fenchelgrün grob hacken. Basilikum waschen, trocken schütteln und die Blättchen abzupfen. Knoblauch schälen. Fenchel, Basilikum, Knoblauch, Fenchelsamen und Öl in einen Rührbecher geben und mit dem Stabmixer nicht zu fein pürieren. Die Mandeln unterrühren und die Creme mit Zitronensaft, Salz und Pfeffer abschmecken.

**3** Das Waffeleisen vorheizen, die Backflächen dünn einfetten. Etwa 2 EL Teig mittig auf die untere Backfläche geben und das Waffeleisen schließen. Die Waffel in ca. 2 Min. knusprig-hellbraun backen. Die Waffel herausnehmen, auf ein Kuchengitter legen und mit dem übrigen Teig genauso verfahren. Die Waffeln mit der Fenchelcreme servieren.

## TIPP

Die Fenchelcreme passt übrigens auch hervorragend zu
Pasta oder neuen Kartoffeln!

## OLIVENWAFFELN

150 g weiche Butter | 4 Eier (Größe M) | 250 g Mehl (Type 405) | 1 TL Backpulver | ¼ l Milch | 2 gehäufte EL Tomatenmark | 75 g entkernte schwarze Oliven | 6–8 Salbeiblätter | 2 EL Sonnenblumenkerne | Salz | Pfeffer | Fett fürs Waffeleisen

### Würzig-mediterran

Für 7 Waffeln | 40 Min. Zubereitung
Pro Stück ca. 420 kcal, 10 g EW, 29 g F, 29 g KH

**1** Die Butter schaumig rühren, die Eier nacheinander unterrühren. Mehl und Backpulver mischen und mit Milch und Tomatenmark gründlich unterrühren. Oliven und Salbei fein hacken und mit den Sonnenblumenkernen unter den Teig rühren. Den Teig mit Salz und Pfeffer herzhaft würzen.

**2** Das Waffeleisen vorheizen und die Backflächen einfetten. 2 EL Teig mittig auf die untere Backfläche geben und das Waffeleisen schließen. Die Waffel in ca. 2 Min. knusprig-hellbraun backen, herausnehmen, auf ein Kuchengitter legen und mit dem übrigen Teig genauso verfahren.

## KÄSEWAFFELN

100 g Butter | 3 Eier (Größe M) | ½ l Milch | 250 g Weizenvollkornmehl | 150 g geriebener Emmentaler | Salz | Pfeffer | Fett fürs Waffeleisen

### Vollwertig-herzhaft

Für 8 Waffeln | 15 Min. Ruhen | 40 Min. Zubereitung
Pro Stück ca. 345 kcal, 14 g EW, 22 g F, 22 g KH

**1** Die Butter schmelzen und lauwarm abkühlen lassen. Die Eier trennen. Milch und Eigelbe in einer Schüssel verrühren. Das Mehl hinzufügen und glatt rühren. Flüssige Butter unterrühren. Käse, ½ TL Salz und etwas Pfeffer unterrühren. Den Teig 15 Min. ruhen lassen. Die Eiweiße mit 1 Prise Salz steif schlagen und unterheben.

**2** Das Waffeleisen vorheizen, die Backflächen dünn einfetten. Etwa 3 EL Teig mittig auf die untere Backfläche geben und das Waffeleisen schließen. Die Waffel in ca. 2 Min. knusprig-hellbraun backen. Die Waffel herausnehmen, auf ein Kuchengitter legen und mit dem übrigen Teig genauso verfahren.

## STEINPILZWAFFELN

25 g getrocknete Steinpilze | 50 g Haselnusskerne | 150 g weiche Butter | 4 Eier (Größe M) | 200 g Weizenvollkornmehl | 1 TL Backpulver | ⅜ l Milch | 1 EL Thymianblättchen | Salz | Pfeffer | Fett fürs Waffeleisen

Herbstlich-nussig

Für 7 Waffeln | 15 Min. Ruhen |
40 Min. Zubereitung
Pro Stück ca. 390 kcal, 11 g EW, 29 g F, 21 g KH

**1** Steinpilze und Haselnüsse im Blitzhacker fein mahlen. Die Butter schaumig rühren. Die Eier nacheinander unterrühren. Mehl, Steinpilz-Nuss-Mischung und Backpulver mischen und abwechselnd mit der Milch unterrühren. Thymianblättchen unterrühren und den Teig mit Salz und Pfeffer herzhaft würzen. Den Teig 15 Min. ruhen lassen.

**2** Das Waffeleisen vorheizen, die Backflächen dünn einfetten. 2 gehäufte EL Teig mittig auf die untere Backfläche geben und das Waffeleisen schließen. Die Waffel in ca. 2 Min. knusprig backen. Mit dem übrigen Teig genauso verfahren.

## DINKELWAFFELN

250 g Dinkelvollkornmehl | 50 g feine Dinkelflocken | 400 ml Buttermilch | 125 g Butter | 1 EL Rosmarinnadeln | 4 Eier (Größe M) | ½ TL Salz | Fett fürs Waffeleisen

Mild-aromatisch

Für 8 Waffeln | 30 Min. Quellen und Ruhen |
40 Min. Zubereitung
Pro Stück ca. 315 kcal, 10 g EW, 18 g F, 26 g KH

**1** Dinkelmehl, Dinkelflocken und Buttermilch verrühren und 15 Min. quellen lassen. Die Butter schmelzen und lauwarm abkühlen lassen. Die Rosmarinnadeln fein hacken. Die Eier trennen. Eigelbe, flüssige Butter und Rosmarin unter den Teig rühren. Den Teig 15 Min. ruhen lassen. Eiweiße und Salz steif schlagen und behutsam unterheben.

**2** Das Waffeleisen vorheizen, die Backflächen dünn einfetten. Etwa 2 EL Teig mittig auf die untere Backfläche geben und das Waffeleisen schließen. Die Waffel in ca. 2 Min. knusprig-hellbraun backen. Die Waffel herausnehmen, auf ein Kuchengitter legen und mit dem übrigen Teig genauso verfahren.

# KARTOFFELWAFFELN MIT SCHINKENCREME

125 g Schwarzwälder Schinken (in Scheiben) | 1 Schalotte | 1 Bund Schnittlauch | 2 Tomaten | 250 g Schichtkäse (20 % Fett) | 3 EL Milch | Salz | Pfeffer | 1 Zwiebel | 1 Knoblauchzehe | 500 g Kartoffeln | 2 – 3 Stiele Majoran | 4 Eier (Größe M) | 75 g Weizenmehl (Type 405) | Muskatnuss | Fett fürs Waffeleisen

**Herzhaft & raffiniert**

Für 6 Waffeln | 1 Std. 15 Min. Zubereitung
Pro Stück ca. 260 kcal, 17 g EW, 11 g F, 23 g KH

**1** Für die Schinkencreme den Schinken in kleine Würfel schneiden. Die Schalotte schälen und fein würfeln. Schnittlauch waschen, trocken schütteln und in feine Röllchen schneiden.

**2** Tomaten waschen, abtrocknen, den Stielansatz herausschneiden, Tomaten vierteln, entkernen und in kleine Würfel schneiden. Schichtkäse und Milch glatt rühren. Schinken, Schalotte, Schnittlauch und Tomate unterrühren. Mit Salz und Pfeffer würzen.

**3** Für die Waffeln Zwiebel und Knoblauch schälen und fein hacken. Kartoffeln schälen. Die Hälfte davon grob, die andere Hälfte auf der Rohkostreibe fein raspeln. Kartoffelraspel portionsweise zwischen den Händen ausdrücken. Majoran abspülen, trocken schütteln und die Blättchen abzupfen. Zwiebeln, Knoblauch, Kartoffelraspel und Majoran mit Eiern und Mehl verrühren. Mit Salz, Pfeffer und Muskatnuss herzhaft würzen.

**4** Das Waffeleisen vorheizen, die Backflächen dünn einfetten. Etwa 3 EL Teig mit einer Palette auf der unteren Backfläche verteilen und das Waffeleisen schließen. Jede Waffel in ca. 2 Min. knusprighellbraun backen.

# KÜRBISWAFFELN MIT RUCOLADIP

60 g Rucola | 150 g körniger Frischkäse | 150 g Quark (20 % Fett) | 1 Knoblauchzehe | 2 EL schwarze Oliven | 4 – 6 getrocknete Tomaten (in Öl eingelegt, abgetropft) | Salz | Pfeffer | 150 g Vollkornmehl | 1 gestrichener TL Backpulver | 200 ml Milch | 250 g Kürbisfleisch (z. B. Hokkaido- oder Muskatkürbis) | ½ Bund Petersilie | 50 g Bergkäse | 3 Eier (Größe M) | Muskatnuss | Fett fürs Waffeleisen

**Vollwertig**

Für 6 Waffeln | 15 Min. Ruhen | 1 Std. Zubereitung
Pro Stück ca. 300 kcal, 17 g EW, 16 g F, 21 g KH

**1** Für den Dip den Rucola putzen, waschen und nicht zu fein hacken. Frischkäse und Quark glatt rühren. Knoblauch schälen und dazupressen. Oliven und Tomaten hacken und mit der Rauke unterrühren. Die Creme salzen und pfeffern.

**2** Für die Waffeln Mehl und Backpulver mischen. Milch und ½ TL Salz unterrühren und 15 Min. ruhen lassen. Inzwischen Kürbis auf der Rohkostreibe fein raspeln. Petersilie waschen. Die Blättchen abzupfen und fein hacken. Käse fein reiben. Kürbisraspel, Eier, Petersilie und Käse unter die Mehl-Milch-Mischung rühren. Den recht dicken Teig mit Pfeffer und Muskatnuss herzhaft würzen.

**3** Das Waffeleisen vorheizen, die Backflächen dünn einfetten. Etwa 2 EL Teig mittig auf die untere Backfläche geben und das Waffeleisen schließen. Die Waffel in ca. 3 – 4 Min. knusprig-hellbraun backen und mit dem übrigen Teig genauso verfahren. Die Waffeln mit der Rucolacreme servieren.

HERZHAFTE WAFFELN

# PFANNKUCHEN, CRÊPES & CO.

Pfannkuchen, Pancakes oder Palatschinken, Crespelle oder Crêpes – überall werden sie geliebt, die dünnen Fladen. Sie schmecken uns süß und salzig, dick und dünn, knusprig und weich, gefüllt, gerollt und überbacken. Und das Beste ist: Viel mehr als Mehl, Eier und Milch braucht man nicht dazu. Also: An die Pfanne, fertig, los!

# TOPFENPALATSCHINKEN

Soulfood auf österreichisch, das sind diese gefüllten Pfannkuchen: schön dünn der Teig, die Füllung fein abgeschmeckt, das Ganze in Milch und Ei gebettet. Vorsicht, Suchtgefahr!

**Für den Teig:**
40 g Butter
¼ l Milch
100 g Weizenmehl (Type 405)
2 Eier (Größe M)
1 TL abgeriebene
Bio-Zitronenschale | Salz
**Für die Füllung:**
½ Vanilleschote
2 Eier (Größe M)
250 g Quark (20 % Fett)
100 g Crème fraîche
1 TL abgeriebene
Bio-Zitronenschale
2 EL Rosinen
2 EL Puderzucker
**Für den Guss:**
200 ml Milch | 2 EL Zucker
2 Eier (Größe M)
**Außerdem:**
1–2 EL Butterschmalz
und Butter für die Form

**Für Genießer**

Für 4 Portionen |
30 Min. Ruhen |
1 Std. 15 Min. Zubereitung
Pro Stück ca. 570 kcal,
25 g EW, 35 g F, 40 g KH

**1** Für den Teig die Butter schmelzen und lauwarm abkühlen lassen. Milch und Mehl glatt rühren, die Eier dazugeben und unterrühren. Zitronenschale, flüssige Butter und 1 kräftige Prise Salz gründlich unterrühren. Den Teig 30 Min. ruhen lassen.

**2** Inzwischen für die Füllung die Vanilleschote der Länge nach mit einem scharfen Messer aufschlitzen und das Mark herauskratzen. Die Eier trennen. Quark, Crème fraîche, Eigelbe, Zitronenschale und Vanillemark glatt rühren. Rosinen unterrühren. Eiweiße mit Puderzucker und 1 Prise Salz dick-cremig schlagen. Behutsam unter die Quarkcreme heben.

**3** In einer beschichteten Pfanne etwas Butterschmalz erhitzen, eine kleine Kelle Teig hineinfließen lassen und von beiden Seiten einen dünnen Pfannkuchen (ca. 12 cm Ø) backen. Mit dem restlichen Teig genauso verfahren und daraus mit wenig Butter sieben weitere Pfannkuchen backen.

**4** Den Backofen auf 200° vorheizen. Die Quarkfüllung auf den Pfannkuchen verteilen. Die Pfannkuchen aufrollen und in eine gefettete Auflaufform setzen. Für den Guss Milch, Zucker und Eier verquirlen. Die Eiermilch über die Topfenpalatschinken gießen. Im heißen Ofen (Mitte) in ca. 25 Min. goldbraun backen.

## VARIANTE  MIT STEINOBST WIRD ES FRUCHTIG

Für eine fruchtige Füllung mische ich zusätzlich 250 g Aprikosen, Zwetschgen oder Kirschen unter die Quarkcreme. Natürlich ohne Kerne! Auch fein: 100 g getrocknete Cranberrys oder Sauerkirschen in 100 ml Kirschsaft erhitzen, abkühlen lassen und unterrühren.

## HEFEPLINSEN

500 g Weizenmehl (Type 550) | ½ Würfel Hefe | 3 EL Zucker | ¼ l Milch | 500 g weiche Butter | 3 Eigelb (Größe M) | 1 kräftige Prise Salz | Mehl zum Verarbeiten | 6 – 8 EL Butterschmalz zum Braten | Zucker zum Wälzen

**Fein zum Kaffee**

Für 4 Portionen | 1 Std. Ruhen |
50 Min. Zubereitung
Pro Stück ca. 640 kcal, 19 g EW, 18 g F, 99 g KH

**1** Für den Hefeteig das Mehl in eine Schüssel geben, in die Mitte eine Mulde drücken, die Hefe hineinbröckeln und mit 1 TL Zucker bestreuen. Die Milch lauwarm erwärmen, dann die Hefe mit 100 ml Milch und etwas Mehl vom Rand verrühren. Den Vorteig 15 Min. gehen lassen.

**2** Übrige Milch, restlichen Zucker, Butter in Flöckchen, Eigelbe und Salz zum gegangenen Vorteig geben. Zunächst mit den Knethaken des Handrührgeräts, dann mit den Händen zu einem glatten Teig verarbeiten. Den Teig kräftig kneten, bis er Blasen wirft und sich vom Schüsselrand löst. Den Teig weitere 45 Min. an einem warmen Ort bis zur doppelten Größe gehen lassen.

**3** Den gegangenen Teig kurz durchkneten und auf wenig Mehl zu einer dicken Rolle formen. In 16 Scheiben schneiden. Die Scheiben zu Kugeln rollen. Jede Teigkugel von der Mitte aus zum Rand hin ausziehen, sodass der Teig in der Mitte sehr dünn ist und am Rand eine breitere Wulst bildet.

**4** Das Butterschmalz in einer weiten Pfanne erhitzen. Die Teigstücke portionsweise darin anbraten, bis die Ränder hellbraun sind. Herausnehmen und noch heiß in Zucker wälzen. Mit den restlichen Teigstücken genau so verfahren.

**UND DAZU? ZWETSCHGEN-HOLLER-KOMPOTT**
Dafür 800 g Zwetschgen waschen, entkernen und halbieren. 200 ml Holundersaft, 100 g Zucker, 1 Zimtstange und 3 Gewürznelken aufkochen lassen. Die Zwetschgen dazugeben und ca. 5 Min. kochen lassen. Die Gewürze entfernen und das Kompott zu den Plinsen reichen.

## BLUEBERRY PANCAKES

25 g Butter | 3 Eier (Größe M) | 250 g Buttermilch | 3 EL Zucker | 1 kräftige Prise Salz | 150 g Weizenmehl (Type 405) | 50 g Vollkornmehl | 2 TL Backpulver | 125 g frische Heidelbeeren | 3–4 EL Butter zum Braten | Butter und Ahornsirup zum Servieren

**Fürs späte Frühstück**

Für 24 Stück | 30 Min. Ruhen |
40 Min. Zubereitung
Pro Stück ca. 415 kcal, 13 g EW, 19 g F, 47 g KH

**1** Die Butter schmelzen. Eier, Buttermilch, Zucker und Salz verquirlen. Butter dazugeben. Mehl und Backpulver unterrühren. Heidelbeeren waschen, verlesen und unterrühren. 30 Min. ruhen lassen.

**2** In einer weiten Pfanne 1 EL Butter erhitzen. Jeweils 2 EL Teig in die Pfanne geben. Zuerst von der einen Seite ca. 1 Min. anbraten, dann wenden und von der zweiten Seite ca. 1 Min. goldgelb braten. So nacheinander den ganzen Teig verarbeiten. Die Pancakes auf Tellern anrichten und mit etwas Butter und Ahornsirup servieren.

## ZWETSCHGENPFANNKUCHEN

300 g Weizenmehl (Type 405) | 1 gehäufter TL Backpulver | 1 kräftige Prise Salz |
½ l Milch | 3 Eier (Größe M) | 25 g Zucker |
ca. 600 g Zwetschgen | 5–6 EL Butterschmalz zum Braten | Zimt- und-Zucker zum Bestreuen

**Für große und kleine Naschkatzen**

Für 16 kleine Pfannkuchen | 30 Min. Ruhen |
35 Min. Zubereitung
Pro Stück ca. 640 kcal, 18 g EW, 25 g F, 85 g KH

**1** Mehl, Backpulver und Salz in eine Schüssel geben. Milch dazugießen und glatt rühren. Eier und Zucker unterrühren. Teig abgedeckt 30 Min. ruhen lassen. Inzwischen die Zwetschgen waschen, trocken tupfen, halbieren und entsteinen.

**2** In einer Pfanne 1 EL Butterschmalz erhitzen. Jeweils 2 EL Teig in die Pfanne geben und mit den Zwetschgenhälften belegen. Zuerst von der einen Seite ca. 1 Min. goldgelb anbraten, dann wenden und von der zweiten Seite ca. 1 Min. braten. So nacheinander den ganzen Teig verarbeiten. Die Pfannkuchen mit Zimtzucker bestreuen.

PFANNKUCHEN, CRÊPES & CO.

# TOPFEN-GRIESS-SCHMARRN

Quark und saure Sahne geben fein-säuerliches Aroma, der Grieß bringt leichten Biss –
eine schmackhafte Variante, die bei Kaiserschmarrn-Fans für Abwechslung sorgt.

3 Eier (Größe M)
250 g Quark (20 % Fett)
125 g saure Sahne
60 g Weichweizengrieß
1 Päckchen Bourbon-
Vanillezucker
40 g Zucker
1 Prise Salz
2 TL Zitronensaft
75 g Weizenmehl (Type 405)
4 EL Butter zum Braten
2 EL Puderzucker
zum Bestreuen

### Süßes Schmankerl

Für 4 Portionen |
30 Min. Ruhen |
35 Min. Zubereitung
Pro Stück ca. 450 kcal,
17 g EW, 23 g F, 44 g KH

**1** Die Eier trennen. Eigelbe, Quark, saure Sahne, Grieß und Vanillezucker verrühren. Den Teig 30 Min. ruhen lassen.

**2** Den Backofen auf 200° vorheizen. Die Eiweiße mit Zucker, Salz und Zitronensaft dick-cremig schlagen. Den fertigen Eischnee auf die Quarkmasse geben, das Mehl daraufsieben und locker unterheben.

**3** In einer weiten Pfanne 1 EL Butter aufschäumen lassen. Die Hälfte der Masse hineingeben. Bei mittlerer Hitze 2 Min. backen. Die Pfanne in den Backofen (unten) schieben und den Schmarrn 5 Min. backen. Die Pfanne herausnehmen, den Schmarrn auf einen großen flachen Teller gleiten lassen und mit Hilfe des Tellers den Schmarrn umgedreht wieder in die Pfanne gleiten lassen.

**4** Den Schmarrn auf der zweiten Seite auf dem Herd in 1 – 2 Min. goldbraun backen, dabei mit zwei Gabeln in Stücke reißen. 1 EL Butter hinzufügen und schmelzen lassen, den Schmarrn mit 1 EL Puderzucker bestreuen und kurz karamellisieren lassen. Den fertigen Schmarrn in eine ofenfeste Form geben und im Backofen warm halten. Mit dem übrigen Teig genauso verfahren.

## UND DAZU?

### KARAMELLQUITTEN

500 g Quitten waschen, den Flaum abreiben, die Quitten vierteln, entkernen und in Spalten schneiden. Mit 2 EL Zitronensaft beträufeln. In einer Pfanne 2 EL Butter erhitzen, die Quitten darin 3 – 4 Min. anbraten, dann mit 2 EL Honig kurz karamellisieren. ¼ l Apfelsaft und 1 Zimtstange dazugeben, aufkochen und ca. 8 Min. offen köcheln lassen.

PFANNKUCHEN, CRÊPES & CO.

# SCHMANDPFANNKUCHEN MIT RHABARBER

Mittagessen mit eingebautem Spaßfaktor: Fürs Pfannkuchenfüllen und -rollen können sich nicht nur kleine Esser begeistern, wetten?

52 PFANNKUCHEN, CRÊPES & CO.

**Für die Pfannkuchen:**
125 g Weizenmehl (Type 405)
¼ l Milch
2 Eier (Größe M)
1 EL Zucker
1 kräftige Prise Salz
ca. 2 EL Butter zum Braten
**Für die Füllung:**
200 g Schmand
1 TL abgeriebene Schale
von 1 Bio-Orange
1 EL Zucker
**Für das Kompott:**
500 g Rhabarber
150 g Himbeeren
½ Vanilleschote
⅛ l Apfelsaft
75 g Zucker

## Mehlspeisentraum

Für 4 Portionen |
30 Min. Ruhen |
50 Min. Zubereitung
Pro Stück ca. 520 kcal,
11 g EW, 22 g F, 69 g KH

**1** Für die Pfannkuchen Mehl und Milch in eine weite Schüssel füllen und mit einem Schneebesen gut verrühren. Nacheinander Eier, 1 EL Zucker und Salz unterrühren. Den Teig 30 Min. ruhen lassen.

**2** Inzwischen für das Kompott den Rhabarber putzen, bei Bedarf schälen, waschen und in 4 cm lange Stücke schneiden. Die Himbeeren verlesen, waschen und abtropfen lassen. Die Vanilleschote der Länge nach mit einem scharfen Messer aufschlitzen und das Mark herauskratzen.

**3** Apfelsaft, Zucker, Vanillemark und -schote aufkochen lassen. Die Rhabarberstücke dazugeben, einmal aufkochen lassen und bei kleiner Hitze 5 Min. dünsten, bis der Rhabarber gar, aber noch nicht zerfallen ist. Den Topf vom Herd ziehen, die Himbeeren unterrühren und das Kompott abkühlen lassen.

**4** Den Backofen auf 100° vorheizen. 1 – 2 TL Butter in einer Pfanne erhitzen, eine Kelle Teig hineinfließen lassen und durch Hin- und Herkippen der Pfanne gleichmäßig auf dem Pfannenboden verteilen. Den Pfannkuchen zuerst von der einen Seite backen, dann wenden und von der zweiten Seite goldbraun backen. Auf diese Weise insgesamt vier Pfannkuchen backen. Die fertigen Pfannkuchen auf einen Teller legen und im vorgeheizten Backofen warm halten.

**5** Schmand, Orangenschale und Zucker in einer Schüssel mit hohem Rand glatt rühren. Zum Essen die Pfannkuchen mit Schmandcreme bestreichen, aufrollen und mit dem Rhabarber-Himbeer-Kompott genießen.

TIPP Außerhalb der kurzen Rhabarbersaison können Sie das Kompott auch mit tiefgekühltem Rhabarber zubereiten. Im Sommer schmecken mir zu den Schmandpfannkuchen frische, leicht gezuckerte Beeren besonders gut.

PFANNKUCHEN, CRÊPES & CO. 53

# SPECKPFANNKUCHEN MIT BIRNE

Diese herzhaften Pfannkuchen passen gut in die kühleren Jahreszeiten. An besonders süßen Tagen lasse ich zusätzlich einen Löffel Birnen- oder Apfeldicksaft darüberfließen.

150 g Weizenmehl (Type 405)
75 g Weizenvollkornmehl
½ l Milch
4 Eier (Größe M)
1 TL Salz
¾ Bund Frühlingszwiebeln
2 kleine reife Birnen
2 EL Haselnusskerne
200 g Frühstücksspeck
(Bacon) in dünnen Scheiben
Pfeffer
2 – 3 EL Butterschmalz oder
Öl zum Braten

### Fruchtig & würzig

Für 8 Pfannkuchen |
30 Min. Ruhen |
35 Min. Zubereitung
Pro Stück ca. 280 kcal,
10 g EW, 15 g F, 26 g KH

**1** Für den Teig beide Mehlsorten in eine Schüssel geben, die Milch dazugießen und glatt rühren. Eier und Salz unterrühren. Den Teig abgedeckt 30 Min. ruhen lassen.

**2** Die Frühlingszwiebeln putzen, waschen, trocken tupfen und in breite Röllchen schneiden. Die Birnen waschen, trocken tupfen, vierteln, entkernen und in Spalten schneiden. Nüsse grob hacken.

**3** In einer beschichteten Pfanne etwas Butterschmalz oder Öl erhitzen (am besten mit zwei Pfannen arbeiten!). 2 – 3 Speckscheiben hineinlegen und kurz anbraten. Ein Viertel des Teiges hineingießen und zerfließen lassen. Den Teig mit Birnenspalten und Frühlingszwiebelröllchen belegen, mit Nüssen bestreuen und mit Pfeffer würzen. Bei mittlerer Hitze ca. 2 Min. braten, dann den Pfannkuchen wenden und von der zweiten Seite in 1 – 2 Min. zu Ende braten.

**4** Aus dem übrigen Teig und den übrigen Zutaten auf die gleiche Weise sechs weitere Pfannkuchen backen.

### VARIANTE KÜRBIS-ROQUEFORT-PFANNKUCHEN

Dafür den Teig wie oben beschrieben zubereiten. 250 g Fruchtfleisch vom Hokkaidokürbis (ungeschält) oder vom Butternutkürbis (geschält) in ca. ½ cm dünne Scheiben schneiden. In einer Pfanne 2 TL Öl erhitzen, ein Viertel der Kürbisspalten darin 2–3 Min. anbraten, salzen und pfeffern. Ein Viertel des Teiges hineingießen und zerfließen lassen, mit 25 g zerkrümeltem Roquefort und einigen Salbeiblättern belegen. Pfannkuchen braten wie im Rezept beschrieben.

# BLINI MIT FORELLENKAVIAR

100 g Buchweizenmehl | 100 g Weizenmehl (Type 405) | 25 g frische Hefe | 1 TL Zucker | ¼ l Milch | 4 Eier (Größe M) | 2 EL Butter | Meersalz | 200 g Schmand | 100 g Naturjoghurt (3,5 % Fett) | 1–2 EL Sahnemeerrettich | Pfeffer | 4–5 EL Butterschmalz zum Braten | 50 g Forellenkaviar | Dillspitzen und Gartenkresse zum Garnieren

### Für Gäste

Für 4 Portionen | 45 Min. Ruhen | 40 Min. Zubereitung
Pro Stück ca. 625 kcal, 21 g EW, 40 g F, 44 g KH

**1** Für die Blini beide Mehlsorten in eine Schüssel geben, in die Mitte eine Mulde drücken, die Hefe hineinkrümeln und mit Zucker bestreuen. Die Milch lauwarm erwärmen, dazugießen und mit etwas Mehl vom Rand zu einem Vorteig verrühren. Abgedeckt 15 Min. an einem warmen Ort gehen lassen. Die Eier trennen. Die Butter zerlassen, mit Eigelben und 1 Prise Meersalz kräftig unter den gegangenen Vorteig rühren. 30 Minuten gehen lassen. Die Eiweiße mit 1 Prise Meersalz steif schlagen und behutsam unter den Teig heben.

**2** 1 gehäuften EL Butterschmalz in einer weiten Pfanne erhitzen. Pro Blini 1 EL Teig hineingeben, kurz backen, dann die Blini wenden und auf der zweiten Seite kurz backen (insgesamt 1 – 2 Min.). Die Blini herausnehmen. Auf diese Weise insgesamt ca. 40 kleine Blini backen.

**3** Schmand, Joghurt und Meerrettich glatt rühren, mit Salz und Pfeffer würzen. Die Blini mit Schmandcreme und Kaviar anrichten und mit Dill und Kresse bestreuen.

# CRÊPE-RÄUCHERLACHS-RÖLLCHEN

200 g Weizenmehl (Type 405) | ½ l Milch | 3 Eier (Größe M) | ½ TL Salz | 1 Bund Schnittlauch | 300 g Frischkäse (Doppelrahmstufe) | 150 g saure Sahne | 1 TL abgeriebene Schale von 1 Bio-Zitrone | Pfeffer | 300 g Räucherlachs (in Scheiben) | 2 EL Öl zum Braten

**Edles Fingerfood**

Für 8 Portionen | 30 Min. Ruhen | 50 Min. Zubereitung | 1 Std. Kühlen
Pro Stück ca. 430 kcal, 19 g EW, 29 g F, 23 g KH

**1** Für den Teig Mehl und Milch in einer Schüssel glatt rühren. Die Eier unterrühren und den Teig mit Salz würzen. Den Teig 30 Min. ruhen lassen.

**2** Für die Füllung den Schnittlauch waschen, trocken schütteln und in feine Röllchen schneiden. Frischkäse mit saurer Sahne, Zitronenschale und etwas Pfeffer glatt rühren. Schnittlauch unterrühren und die Creme kalt stellen.

**3** In einer beschichteten Pfanne etwas Öl erhitzen, eine kleine Kelle Teig hineinfließen lassen und von beiden Seiten einen dünnen goldbraunen Crêpe backen. Herausnehmen und auf einen Teller legen. Mit dem restlichen Teig genauso verfahren und so insgesamt ca. sechs Crêpes backen. Die Crêpes aufeinanderstapeln und auskühlen lassen.

**4** Die kalten Crêpes mit Schnittlauchcreme bestreichen und gleichmäßig mit Räucherlachs belegen, dabei jeweils einen ca. 3 cm breiten Rand freilassen. Die Crêpes aufrollen, in Frischhaltefolie wickeln und mind. 1 Std. kalt stellen.

**5** Zum Servieren die Crêpesrollen aus der Folie wickeln, schräg in 3 cm breite Röllchen schneiden.

# CRESPELLE MIT RICOTTA-FÜLLUNG

Immer wieder gut: gefüllte Pfannkuchen auf italienisch. Anstelle von Spinat
können Sie die Crespelle auch mit Mangold füllen.

**Für den Teig:**
250 g Weizenmehl (Type 405)
300 ml Milch
⅛ l Mineralwasser
4 Eier (Größe M)
Salz
**Für die Füllung:**
600 g frischer Blattspinat
1 Zwiebel
1–2 Knoblauchzehen
2 EL Olivenöl
250 g Ricotta-Frischkäse
Pfeffer
Muskatnuss
500 g Tomaten
30 g Butter
30 g geriebener
Parmesankäse
**Außerdem:**
ca. 3 EL Olivenöl zum Braten
und für die Form

**Italienische Landhausküche**

Für 4 Portionen |
30 Min. Ruhen |
50 Min. Zubereitung |
25 Min. Backen
Pro Stück ca. 815 kcal,
30 g EW, 53 g F, 54 g KH

**1** Für den Teig Mehl, Milch und Mineralwasser mit einem Schneebesen gut verrühren. Eier und ½ TL Salz unterrühren. Den Teig
30 Min. ruhen lassen.

**2** Für die Füllung den Spinat putzen, gründlich waschen und
abtropfen lassen. Zwiebel und Knoblauch schälen und fein würfeln. In einem Topf das Olivenöl erhitzen und die Zwiebel- und
Knoblauchwürfel darin glasig dünsten. Den Spinat hinzufügen,
Topfdeckel auflegen und den Spinat 1 Min. zusammenfallen
lassen. Den Spinat in ein Sieb geben und abtropfen lassen.
In eine Schüssel füllen und etwas abkühlen lassen.

**3** In einer beschichteten Pfanne 1 TL Öl erhitzen. Eine kleine Kelle
Teig hineinfließen lassen und von beiden Seiten einen dünnen
goldgelben Pfannkuchen backen. Mit dem übrigen Teig genauso
verfahren (insgesamt acht kleine Crespelle backen).

**4** Den Ricotta unter die Spinatmasse rühren und die Füllung mit
Salz, Pfeffer und Muskatnuss kräftig würzen. Die Füllung auf die
Crespelle streichen und aufrollen. Eine Auflaufform einölen und
die Crespelle hineinlegen.

**5** Den Backofen auf 200° vorheizen. Die Tomaten waschen,
den Stielansatz herausschneiden und die Tomaten in kleine
Würfel schneiden. Tomatenwürfel auf den Crespelle verteilen,
leicht salzen und pfeffern. Mit Butterflöckchen belegen und mit
Parmesan bestreuen. Im Ofen (Mitte) 20–25 Min. backen.

# REGISTER

Damit Sie Rezepte mit bestimmten Zutaten noch schneller finden, sind in diesem Register auch beliebte Zutaten wie **Birne** oder **Zimt** alphabetisch eingeordnet und hervorgehoben. Darunter finden Sie das Rezept Ihrer Wahl.

## A
Apfel-Zimt-Waffeln 15

## B
Bärlauchwaffeln 37
**Beeren**
Blueberry Pancakes 49
Brandteigwaffeln mit Beeren-grütze 16
Schmandpfannkuchen mit Rhabarber 53
Waffeltorte 64
**Birne**
Marzipanwaffeln mit Cassisbirnen 18
Speckpfannkuchen mit Birne 54
Blini mit Forellenkaviar 56
Blueberry Pancakes 49
Brandteigwaffeln mit Beerengrütze 16
Buchweizenwaffeln mit Räucherlachs 30

## C
**Crème fraîche**
Crème-fraîche-Waffeln 12
Topfenpalatschinken 46
Crêpe-Räucherlachs-Röllchen 57
Crespelle mit Ricotta-Füllung 58

## D/E/F
Dinkelwaffeln 41
Eiswaffeln 25
Espresso-Pinienkern-Waffeln 14
Feigenwaffeln 20
**Frühlingszwiebeln**
Krabbensalat (Tipp) 30
Speckpfannkuchen mit Birne 54

## G/H
Glühweinwaffeln 13
Haselnusswaffeln 21
Hefeplinsen 48
Hirsewaffeln 12
Holländische Sirupwaffeln 22
**Honig**
Holländische Sirupwaffeln 22
Lebkuchenwaffeln 13
Mascarpone-Ingwer-Creme (Und dazu) 15
Tonka-Kakao (Und dazu) 22

## I/J
**Ingwer**
Glühweinwaffeln 13
Mascarpone-Ingwer-Creme (Und dazu) 15
**Joghurt**
Apfel-Zimt-Waffeln 15
Blini mit Forellenkaviar 56
Buchweizenwaffeln mit Räucherlachs 30
Krabbensalat (Tipp) 30
Sauerteigwaffeln mit roter Mousse 35

## K
**Kakao**
Sacherwaffeln mit Kirschen 10

Schokoladen-Sahne-Hippen 26
Schokowaffeln 21
Tonka-Kakao (Und dazu) 22
Karamellquitten (Tipp) 51
Kartoffelwaffeln mit Schinken-creme 42
**Käse**
Bärlauchwaffeln 37
Crespelle mit Ricotta-Füllung 58
Käsewaffeln 40
Kartoffelwaffeln mit Schinken-creme 42
Kürbis-Roquefort-Pfannkuchen (Variante) 54
Kürbiswaffeln mit Rucoladip 43
Polentawaffeln mit Fenchel-creme 38
Spinatwaffeln 37
Tomate-Mozzarella-Waffeln 36
Überbackene Pizzawaffeln (Tipp) 36
Zucchiniwaffeln 33
Krabbensalat (Tipp) 30
Kürbis-Roquefort-Pfannkuchen (Variante) 54
Kürbiswaffeln mit Rucoladip 43

## L/M
Lebkuchenwaffeln 13
**Mandeln**
Eiswaffeln 25
Feigenwaffeln 20
Lebkuchenwaffeln 13
Polentawaffeln mit Fenchel-creme 38
Marzipanwaffeln mit Cassis-birnen 18
**Mascarpone**
Mascarpone-Ingwer-Creme (Und dazu) 15
Waffeltorte 64
Mohnwaffeln 20

## N/O/P

**Nüsse**
Haselnusswaffeln 21
Sacherwaffeln mit Kirschen 10
Speckpfannkuchen mit Birne 54
Steinpilzwaffeln 41
Olivenwaffeln 40
**Orangenlikör**
Feigenwaffeln 20
Schokoladen-Sahne-Hippen 26
Polentawaffeln mit Fenchel-
creme 38

## Q/R

**Quark**
Kürbiswaffeln mit Rucoladip 43
Topfen-Grieß-Schmarrn 51
Topfenpalatschinken 46
**Räucherlachs**
Buchweizenwaffeln mit Räucher-
lachs 30
Crêpe-Räucherlachs-
Röllchen 57
Rote Bete: Sauerteigwaffeln mit
roter Mousse 35
**Rotwein**
Glühweinwaffeln 13
Marzipanwaffeln mit Cassis-
birnen 18

## S

Sacherwaffeln mit Kirschen 10
**Samen & Kerne**
Espresso-Pinienkern-Waffeln 14
Olivenwaffeln 40
Sauerteigwaffeln mit roter
Mousse 35
**Schmand**
Blini mit Forellenkaviar 56
Buchweizenwaffeln mit Räucher-
lachs 30

Schmandpfannkuchen mit
Rhabarber 53
**Schokolade**
Schoko-Waffelherzen
(Variante) 14
Schokowaffeln 21
Tonka-Kakao (Und dazu) 22
Schokoladen-Sahne-Hippen 26
Speck-Waffeln mit Kräuter-
butter 32
Speckpfannkuchen mit Birne 54
**Spinat**
Crespelle mit Ricotta-Füllung 58
Spinatwaffeln 37
Steinpilzwaffeln 41
Süße Waffeln (Grundrezept) 6

## T/U

Tomate-Mozzarella-Waffeln 36
**Tomaten**
Crespelle mit Ricotta-Füllung 58
Kartoffelwaffeln mit Schinken-
creme 42
Kürbiswaffeln mit Rucoladip 43
Tomate-Mozzarella-Waffeln 36
Überbackene Pizzawaffeln
(Tipp) 36
Tonka-Kakao (Und dazu) 22
Topfen-Grieß-Schmarrn 51
Topfenpalatschinken 46
Überbackene Pizzawaffeln
(Tipp) 36

## V/W

**Vanille**
Crème-fraîche-Waffeln 12
Eiswaffeln 25
Espresso-Pinienkern-Waffeln 14
Mascarpone-Ingwer-Creme
(Und dazu) 15
Mohnwaffeln 20
Sacherwaffeln mit Kirschen 10

Schokoladen-Sahne-Hippen 26
Schokowaffeln 21
Topfen-Grieß-Schmarrn 51
Topfenpalatschinken 46
Waffeltorte 64
**Vollkornmehl**
Bärlauchwaffeln 37
Blueberry Pancakes 49
Buchweizenwaffeln mit
Räucherlachs 30
Käsewaffeln 40
Kürbiswaffeln mit Rucoladip 43
Sauerteigwaffeln mit roter
Mousse 35
Speck-Waffeln mit Kräuter-
butter 32
Speckpfannkuchen mit Birne 54
Steinpilzwaffeln 41
Waffeltorte 64

## Z

**Zimt**
Apfel-Zimt-Waffeln 15
Feigenwaffeln 20
Glühweinwaffeln 13
Haselnusswaffeln 21
Holländische Sirupwaffeln 22
Sacherwaffeln mit Kirschen 10
Tonka-Kakao (Und dazu) 22
Zwetschgenpfannkuchen 49
Zucchiniwaffeln 33
Zwetschgen-Holler-Kompott
(Tipp) 48
Zwetschgenpfannkuchen 49

© 2013 GRÄFE UND UNZER VERLAG GmbH, München
Alle Rechte vorbehalten. Nachdruck, auch auszugsweise, sowie die Verbreitung durch Film, Funk, Fernsehen und Internet, durch fotomechanische Wiedergabe, Tonträger und Datenverarbeitungssysteme jeglicher Art nur mit schriftlicher Genehmigung des Verlages.

**Projektleitung:** Monika Greiner
**Lektorat:** Margarethe Brunner
**Korrektorat:** Waltraud Schmidt
**Layout, Typographie und Umschlaggestaltung:**
independent Medien-Design, Horst Moser, München
**Satz:** Uhl + Massopust, Aalen
**Herstellung:** Martina Koralewska
**Reproduktion:** Repro Ludwig, Zell am See
**Druck und Bindung:**
Schreckhase, Spangenberg
Printed in Germany
**Syndication:**
www.seasons.agency

5. Auflage 2017
ISBN 978-3-8338-3433-2

### Die Autorin
**Anne-Katrin Weber** lebt und arbeitet in Hamburg. Als Foodstylistin, Produzentin, Buch- und Rezeptautorin arbeitet sie für Zeitschriften, Buchverlage und Werbeagenturen. Wir und ihre Familie lieben sie für ihre tollen neuen Waffel- und Pfannkuchenrezepte in diesem Buch.
www.annekatrinweber.de

### Der Fotograf
**Wolfgang Schardt** kann seine Liebe für Essen und Trinken beruflich ausleben: In seinem Studio in Hamburg fotografiert er stilsicher für Magazine, Verlage und Werbung. Tatkräftig unterstützt wurde er von Anne-Katrin Weber (Foodstyling) und Pauline Cellier (Assistenz).
www.wolfgangschardt.com

### Bildnachweis
Titelfoto: Anke Schütz, Buxtehude; alle anderen Fotos: Wolfgang Schardt

### Titelbildrezept
Marzipanwaffeln mit Cassisbirnen, S. 18.

### Umwelthinweis
Dieses Buch ist auf PEFC-zertifiziertem Papier aus nachhaltiger Waldwirtschaft gedruckt.

**Liebe Leserin, lieber Leser,**
haben wir Ihre Erwartungen erfüllt? Sind Sie mit diesem Buch zufrieden? Haben Sie weitere Fragen zu diesem Thema? Wir freuen uns auf Ihre Rückmeldung, auf Lob, Kritik und Anregungen, damit wir für Sie immer besser werden können.

**GRÄFE UND UNZER Verlag**
Leserservice
Postfach 86 03 13
81630 München
E-Mail:
leserservice@graefe-und-unzer.de

Telefon: 00800 / 72 37 33 33*
Telefax: 00800 / 50 12 05 44*
Mo–Do: 9.00–17.00 Uhr
Fr: 9.00–16.00 Uhr
(* gebührenfrei in D, A, CH)

Ihr GRÄFE UND UNZER Verlag
*Der erste Ratgeberverlag – seit 1722.*

**Backofenhinweis:**
Die Backzeiten können je nach Herd variieren. Die Temperaturangaben in unseren Rezepten beziehen sich auf das Backen im Elektroherd mit Ober- und Unterhitze und können bei Gasherden oder Backen mit Umluft abweichen. Details entnehmen Sie bitte Ihrer Gebrauchsanweisung.

# Appetit auf mehr?

ISBN 978-3-8338-3428-8

ISBN 978-3-8338-3626-8

ISBN 978-3-8338-3434-9

ISBN 978-3-8338-3437-0

ISBN 978-3-8338-4658-8

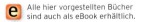 Alle hier vorgestellten Bücher sind auch als eBook erhältlich.

Mehr von GU auf **www.gu.de** und
**facebook.com/gu.verlag**

Willkommen im Leben.

# WAFFELTORTE

Ein verführerischer Traum aus Beeren und Sahne ist diese Schichttorte aus knusprig-süßen Herzwaffeln. Ideal für jede sommerliche Kuchentafel.

125 g weiche Butter | 120 g Zucker | ½ TL abgeriebene Schale von einer Bio-Zitrone | 2 Eier (Größe M) | 100 g Weizenmehl (Type 405) | 50 g Speisestärke | 50 g Sahne | Fett fürs Waffeleisen | 150 g Mascarpone | 100 g Himbeerkonfitüre | 2 Päckchen Bourbon-Vanillezucker | 2 EL Zitronensaft | 250 g Sahne | 350 – 400 g gemischte frische Beeren | Puderzucker zum Bestreuen

**Festlicher Hingucker**

Für 8 Stück Torte | 50 Min. Zubereitung | 25 Min. Backen
Pro Stück ca. 535 kcal, 5 g EW, 36 g Fett, 49 g KH

**1** Aus den Zutaten nach dem Grundrezept auf Seite 6 einen Waffelteig zubereiten. Daraus vier dicke Waffeln backen und diese auskühlen lassen.

**2** Für den Belag Mascarpone mit Konfitüre, Vanillezucker und Zitronensaft glatt rühren. Sahne steif schlagen und portionsweise locker unter die Mascarponecreme heben. Die Beeren verlesen, eventuell abspülen und trocken tupfen.

**3** Jeweils ein Viertel der Creme und der Beeren auf den Waffeln verteilen. Die belegten Waffeln auf einer Kuchenplatte aufeinandersetzen. Die Waffeltorte großzügig mit Puderzucker bestreuen und gleich servieren!